经典·新阅读

读懂叔本华的第一本书

作为意志和表象的世界

[德] 叔本华◎著　段远鸿◎译

中国華僑出版社
北京

图书在版编目(CIP)数据

读懂叔本华的第一本书:《作为意志和表象的世界》/(德)叔本华(Schopenhauer,A.)著;段远鸿编译. —北京:中国华侨出版社,2012.6

ISBN 978-7-5113-2371-2

Ⅰ.①读… Ⅱ.①叔… ②段… Ⅲ.①哲学理论-德国-近代 Ⅳ.①B516.41

中国版本图书馆 CIP 数据核字(2012)第086754号

读懂叔本华的第一本书:《作为意志和表象的世界》

著　　者:[德]叔本华
编　　译:段远鸿
责任编辑:刘晓燕
责任校对:吕　红
经　　销:新华书店
开　　本:787毫米×1092毫米　1/16开　印张:17　字数:215千字
印　　刷:河北省三河市天润建兴印务有限公司
版　　次:2012年7月第1版
印　　次:2024年2月第6次印刷
书　　号:ISBN 978-7-5113-2371-2
定　　价:29.80元

中国华侨出版社　北京市朝阳区西坝河东里77号楼底商5号　邮编:100028
发 行 部:(010)64443051　　传　　真:(010)64439708
网　　址:www.oveaschin.com　　E－mail:oveaschin@sina.com

如果发现印装质量问题影响阅读,请与印刷厂联系调换。

目录

MULU

第一版序

我原本预定在这里提示一下大家应该怎样来读这样的书，才能在可能的情况下加以理解。要由这本书传达的只是一个单一的思想，可我费尽心思发现除了用这全本的书以外，还是不能发现有什么别的捷径来有效传达。

本书所试图传达的思想就是——人们在哲学的名义之下长期以来所寻求的东西——形而上学、伦理学、美学的那些东西。这样东西可能我们已经寻找了许久，但是却未能有准确的答案。甚至有人会认为，我们已经完全没可能找到了，犹如不能发现点石成金、医治百病的仙丹一样。而本书，就是在试图找到那个答案。

一个思想的系统，一定会有一个结构上的关联，事实上是这样一种关联：其中总有一部分在下面（基层），支撑着另一部分，被支撑着的这一部分反过来又托住前者。

而一个单一的思想却非如此，不管它的内容是如何广泛，都保有最完整的统一性。即便是将它分成若干部分，这些部分间的关联仍必须是有机的。他们之间的关联是这样的：每一部分都同样蕴含着全体，就如同全体蕴含部分一样。没有哪一部分是首，也没有哪一部分是尾。

整个思想通过各个部分而显明，但是如果不能了解思想的全貌，那么也无法彻底的了解任何最细微的部分。毫无疑问，若想全面了解本书中所阐述的思想，除了将本书阅读两遍之外，别无他法。

在读第一遍时,读者是需要一定耐性的,因为内容可能会有一些枯燥而乏味。可在阅读第二遍时,你会发现,你有了另一种了解事物的眼光。

在阅读本书之前,请先读本书的序论。但是这篇序论并不在本书的篇幅中,而是在五年前以"充分根据律的四重根——一篇哲学论文"为题已出版了的一本书。不先熟悉一下这个序论的话,要想完全正确地理解本书可能会比较困难。可以说,那篇论文如果不是先于本书几年前就已出版了的话,大概我会直接将它并合于本书的第一篇之内。现在,凡在那儿已说过的,在本书第一篇内就都省略了;单是这一缺陷就显示了这第一篇的不够圆满,而不得不经常以援引那篇论文来填补这一缺陷。不过,对于重抄自己写过的东西,或是把说得已够明白的东西,重复辛苦地又用别的字眼来表达一番,那是我极为厌恶的。

在这里,我对读者还有一个要求,那就是希望读者能熟悉一下康德的主要著作。可以说,我在很大限度内是从伟大的康德的成就出发的。所以,领会康德的哲学的某些定义,是想要读懂这本书的一个前提。除此而外,如果读者还能对柏拉图的哲学世界有所了解的话,那么,就会有了更好的准备,更有接受能力来倾听我了。

不过,相信大部分读者到现在已经开始不耐烦了,那竭力忍耐抑制已久的责难也要冲口而出了:你怎么敢在向读者推荐一本书时,提出这么多要求和条件呢?更何况,现在是一个不缺少各种新思想的年代,单在德国,每年就有三千多种思想丰富、见解独到的著作出版,还有无数期刊甚至日报所发表的东西,都通过印刷机而成为公共财富呢!在这个时代,深刻的哲学家,单在德国,现存的就比过去几个世纪加起来的还要多!因此,气愤的读者要问:我们为什么要经历这么多的波折来读这本书,这在什么时候才算是终结?

对于这样的责难,我自己也不能给出多么动人的答案。我只是希望我的读者在看过我的警告后,不在这本书上浪费更多的时间,并能够对我多少有点儿谢意。因为不满足我所提出的要求,即使读完这本书也没有什么收获,也可以扔开不读。此外,我甚至可以确定,这本书对于他们来讲是没有什么意义的。所以这本书也只能安静地等待那些少数人了,只有他们高深的思想才能够接受这本书。这个世界的知识已经够多了,以至将难解的和错误的完全看作一回事儿,可在这个时代那些有智慧的人中,总会有人认识到本书的价值的。还有,可能有些人在本书中会一点也找不到他们所寻求的东西时,他们将是如何地失望啊!当然也可能有些人对本书毫无兴趣,那么对于他们来讲丢掉本书或许是最好的选择。

但是,我害怕自己这样还不能推脱掉责任。这篇序言当然是在劝阻读者,但是看到序言的读者已经花费了金钱在这本书上,那么怎么才能不辜负自己的金钱呢?现在,我最后脱干系的办法只有提醒这位读者,即使他不打算读这本书,他总还知道一些别的办法来利用它,此书并不比很多书差,可以填补他的图书室里空着的角落,而且书本身的装订也还算出色,放在那儿不会显得太掉价。要不然,他还有博学的女朋友,也可把此书送到她的梳妆台或茶桌上去。再不然,最后他还可以写一篇书评,这当然是一切办法中最好的一个,也是我特别要奉劝的。

在我开了以上的玩笑之后,在这个本来就如梦似幻的人生,几乎不能把任何地方看得太重要,而忘记了开玩笑,我在献出本书时的心情是很沉重的,相信这本书会到需要他的人手里,而除此之外,就要相信命运了。这命运规定真理得有一个短暂的胜利节日,而在此前此后两段漫长的时期内,也许被人污蔑成不可认识的。前一命运惯于连带地打击真理的创始人。但人生是短促的,而真理的影响是深远的,它的生命是悠久的。让我们谈真理吧!

1818 年 8 月于德雷斯顿

第二版 序

我完成这本书，不是为了我的国人，也不是为了与我同时代的人，而是为了古往今来的全人类。我在这样的信心中交出它，相信它不会对于人类没有价值。

但是这种价值，如同任何一种美好的事物常有的命运一样，要迟迟才会被发觉。只是为了人类，而不可能是为了这转瞬即逝的时代，在这个唯个人眼前妄念是务的世代，我这脑袋在几乎是违反自己意愿的情况下，通过漫长的一生，才不断以此工作为己任。在这期间，即令未获人们的同情，也并不能使我对于这一工作的价值失去信心。这是因为我不断看到那些虚伪的、恶劣的东西，以及荒唐的、无意义的东西（指黑格尔哲学）反而被普遍地赞赏、崇拜；也虑及假如能识别真纯的、正确的东西的人们不是稀少到人们遍访一二十年而不得一见，能生产这些真纯的、正确的东西的人们不是那么少数几个人，以致他们的作品死后成为世事沧桑的例外；也顾虑到由于此变不常，使寄托于后世而使人振奋的期望会归于泡影，而这却是每一个树立了远大目标的人为了鼓舞自己所必需的。

所以，谁如果能够真正对待一件不具有物质好处的事件，就不能做出有实质好处的事件。不过在很多情况下，他会看到这种事件的假象将在这段时间在世界上取得它的地位而盛极一时，这也是人的正常思维。人们做事的目的必须单纯，就是为了做事儿而做事儿，否则它便不能成功；这是因为无论在什么地方,任何意图对于正确见解来说,都会存在着危险。

但是,每一件有价值的事物,如学术史上一贯证明了的那样,都需要时间去证明他的正确性和权威性,尤其是具有教育意义的事件,则更能体现这个要点。在这期间,那些假的东西会横行。因为要把一件事儿和假象结合起来,并不是完全不可以,但却是非常困难的。

这正是这个贫困、匮乏的世界的灾难,一切都必须为了困难而奴役。因此,这个世界并不是从一开始就这是这样的。说什么高尚的努力,如指向光明和真理所做出的付出, 可是在这世界上没有任何的阻碍的发扬光大,可以只为自身的价值而存在。并且,即使是有那么回事,这样的努力也真的能够显示自己的分量了,因为已经把努力这种精神带给了人家,但是因为有那么多的物质利益,很多人的目的就可能被这些东西控制,成为了物质的工具,或者是用物质作为自己的面具。因此,在康德创造了哲学的辉煌之后,哲学必须又立即成为某些目的的工具。从高处讲,是国家的工具;从低处讲,是个人目的的工具。事实上,这些被人当作工具来利用光的东西并不是真正的哲学,而只属于伪哲学。这也并不值得我们感到惊诧,因为对于很多人而言,似乎除了物质的追求,再无其他。

政府既然拿哲学当作达到国家目的的手段,那么,在某些方面,哲学家就是一个职业,和其他职业没有什么分别。但是哲学家总是竞奔在那些讲座中,保证自己有善良的意愿,即保证其意图是为那些目的服务。他们也遵守了自己的诺言。所以,给他们指示方向的北斗星,不是真理,不是明澈,不是柏拉图,不是亚里士多德,而是他们心中的个人目的。这些目的成为了他们判断对错的依据。于是,那些和他们目的相冲突的,就会遭到他们的否认或者是漠视,哪怕是这些东西与他们的研究息息相关。人们只要看看他们反对泛神论那种异口同声的热烈劲儿就会明白, 可他们的言之凿凿真是从真理中来的吗?如果是这样的话,我们的哲学会不会成为一种用来诡辩的学问?所谓“端谁的碗,唱谁的歌”,如果有一种力量在支配哲学所研究的方向,那么在古代,人们就把那些通过哲学挣钱的人称作诡辩家,而不是哲学家了。现在,还有很多事也可以拼凑起来,即使是说这世界上任何角落,除了庸才之外,再没有任何值得希望的了。所以人们才会对庸才如此偏爱。因此,我们能在德国所有的大学中,都看到一些庸才,在里面殚精竭虑,依靠着自己那点聪明,去研究所谓的哲学。当然,我们不能加以嘲笑,那样显得太过残忍。

长期以来,哲学被当成了一种手段,一面为公家服务,一面为私人的目的服务。而我呢,在过去的30年里,只跟着自己的思路走。这正是,也仅是因为我必须这样做而不能另有所作为,是一种本能的冲动使然。

就这第二版说,首先让我感到欣慰的是,我没有发现有什么东西是我要收回的。因此,我的基本信念,至少对我自己来说得到了保持。所以,对只包括第一版全文的第一卷里的修改,自然不会触及最为本质的那些东西,只是改了一些附加的东西,这些改动也只是触及了那些极其间断的说明部分。在批判康德的部分有所增加,因为这里我不能再加一个篇章来说明问题,如同阐述我自己学说的那四篇,每篇之间都有必然的联系一样。而对于这四篇,我采用了增加的方法,那是因为在该四篇写成后,整整花了我25年的时间,在我的表现方式和语调风格上都有了一些变化,所以篇章之间不宜再合并,正是“合之两伤,离之两美”。

在第一版序言里,我已经说过,我的哲学思想是从康德的哲学中而来的,所以彻底了解后者是前者的前提。因此,在这里我不得不重新再说一次,因为康德的哲学,只要是掌握了它,就会在每个人头脑中产生一种根本的变化,一种非常重要的变化,真可当作一种精神的再生看待。只有康德哲学才能够真正排除掉头脑中那天生的、从智力的原始规定而来的实在主义,这是贝克莱和马勒布朗希(美国唯心论哲学家)力所不及的,因为他们总是被一般现象所局限，而康德则进入了特殊的境界，并且其进入的特殊方式是前无古人，后无来者的。这个方式对于人心具有一种特别的，也可说是当下直接的作用，在这种作用下，人们就会颠覆掉自己之前所有的想法，此后得以从另一眼光来看一切事物了。只有这样，读者对于我要提出的一些更积极的说明才有接受的可能。

我是搞哲学的，在这个行当里有着那么为数不多的一群人，我的那些同行们，他们机智敏锐可以洞察万物，而且他们手腕科学，策略稳健，只为证实他们可以完全的协调一致。哪怕是他们认为我的哲学与他们是格格不入的，理论是冲突的，甚至对于他们是有危险性的。他们通过这样来运用他们发现了的办法，这是我向来都不得不“佩服”的。当然还有他们用以坚持这办法的始终不懈的坚韧性。而这个办法，因为极其容易执行，本来是很可采取的，但是这个办法明显就是“无视”并从而分泌它，“分泌”本是歌德不怀好意的一种说法，它的意思是指“侵吞重要的和有意义的东西”。他们这种用“不说话”的手段来表现“说话”的影响，用来互相吹捧同道中人的所谓精神而变得更加富有影响力。他们以高频率扩音喇叭的宣传威力强迫大众去欣赏他们在吹捧时那种自以为是的嘴脸。可是，哲学这东西的原理跟他们生活能有什么联系？当然有，他们的生活最终还是要靠哲学来维持。虽然彼得拉克很早就打过一个比方说，哲学就好比一个裸体的少女，一无所有地走进我们的生活，难以言表，魅力无穷！可是人的天性还是促使他们愿意冒一把险。

可是，我的哲学不是为了靠相互夸赞来维持生计。我的哲学是纯粹的，不为任何名利，就像一种完全缺乏思辨的神学。而正是这种神学和那容易惹麻烦的康德及其理性批判相反，才最应该是，而且必须是哲学的主要课题。似乎哲学也有一个任务，就是要不停地探求那些我们还一无所知的东西。然而我的哲学全然不承认是哲学教授们那么聪明地想出来的，他们喜欢讲一些神话，关于一个直接而绝对地认识着，直观着或领会着的理性的神话。好像是人们只需一开始就用这神话拴住读者，往后就能以世界上最便捷的方式，如同驾着驷马似的，闯入一切经验的可能性彼岸的领域，被康德给我们的认识完全地、永久地拦断了去路的领域。我的哲学缺乏这种基本道具，它是没有顾虑、不提供生活条件、深入沉思的哲学。为它指明方向的，如同真理一般的，只是真理，纯粹的、不含任何杂念的、独一无二的、经常被认为是错的。它只朝着最正确的方向，勇往直前。那么，又有谁知道，那慈眉善目的所谓好人往往做出令人难以想象的恶事来，这就是我所说的讲坛哲学，有太多的顾虑、责任、义务，好比天主下凡一般要拯救整个世界，却从不问世界需要的是什么?那么这种讲坛哲学到底和我的哲学又有什么相干呢?

显然，条条大道通罗马，这两者之间也各有各的好与坏。所以，对我来说，没有谁服从谁，没有志同道合。大概除了那些目的单纯、只想真理事务的人以外，没有其他人，或者任何一种哲学会在我这儿找到对他们有用的东西，因为他们都是有目的，是也好，非也罢，而我又的确没什么好的意见可以提供，即使有也不会被采纳。而这又正是因为正确的见解本不是有目的，它只是意见而已。如果我的哲学和他们一样可以走上讲台，那这个世界也不是现在的世界了。如果这样一种哲学，人们不能借以生活的哲学也能够赢得了牛奶和面包，甚至还赢得人们普遍的尊重，那可真是一件“好事”啊!然而这种情况是必须防止的，大家要团结起来如同一个人一样来加以防止。

可是，争论辩驳又不是容易的玩意儿，并且单为了下面这个原因，进行辩论已是一个不对劲的办法，那就是说公开辩论就会把公众的注意力吸引到这件事情上来，而研读我的著作又将使公众对哲学教授的课业失去胃口，因为谁尝过了严肃事物的滋味，都会觉得那是儿戏之谈，尤其是一种使人厌倦的不合胃口了。因此，他们一致采取的沉默法是唯一正确的办法，我也只能奉劝他们坚持这一办法，并且继续执行这一办法；一天行得通，就执行一天，直到有一天，人们把这种“无视”当作“无知”的意味看，那时也还来得及趁风转舵。在此以前，却并没有剥夺任何人间或为自己的用途而拔下一根鹅毛管的权利，因为在自己家里，思想的澎湃一般是不会怎么闷煞人的。

于是，那种“无视”和沉默法还能执行一个时期，至少在我还能活着这段时间内是可以的，而这就已经赢利不少了。如果在这沉默中，即令人们或在这儿或在那儿听出一些轻率不自量的声音，也就立即被教授们的大放厥词所淹没了。他们懂得怎样装模作样，用各种不同的花样来取悦于公众。

所有时代，都能看到一些人高高在上，看到本来错误的东西反而很主流，而那些真正是对的东西却时常被打击压制。不过，尽管如此，无数次历史告诉我们，真理往往掌握在少数人手里！当真理被大家意识到，直至沿用到一定程度，又成为多数的时候，就如同升到天空的气球一般到达一定高度，它就停留在那儿，谁也无法再把它拽下来。

1844 年 2 月于美因河畔法兰克福

第三版 序

如果不是那些自己拿不出一件好东西,同时又在试图使别的好东西永远被埋没的人，那么，真正的和纯粹的东西就更容易获得权威和地方了。这种情况,他让许多有益的东西,即令尚未完全窒息,也已阻碍了。这情况对我本人的后果是:当这本的第一版问世时候,我 30 岁;但是到第三版出现的时候,我却已经年逾七旬。对于这一事实,我总算在彼得拉克的名句中找到了安慰,那句话是:“谁要是走了一整天,傍晚走到了,就该满足了。”我最终走到了。在自己残年之际,同时又怀着我这影响将合乎“流传久远和发迹迟晚成正比”这一古老规律的希望,我已心满意足了。

读者将看到第二版所有的一切,都会在第三版中再次看到。当然,第三版还包含了更多的东西。

在本书第二版问世七年之后,我还发行了两卷《附加和补充》。包括在这一书名中的东西,是由一些补充篇章组成的,是我对哲学已有了的系统的叙述。这些东西如果收在这第三版的各卷内,那倒是很恰当的;不过在那时,我只得将就利用当时可能的条件把它安顿好;须知那时我是否能看到这第三版,还很成问题呢。

1859 年 9 月于美因河畔法兰克福

第一篇

世界作为表象初论

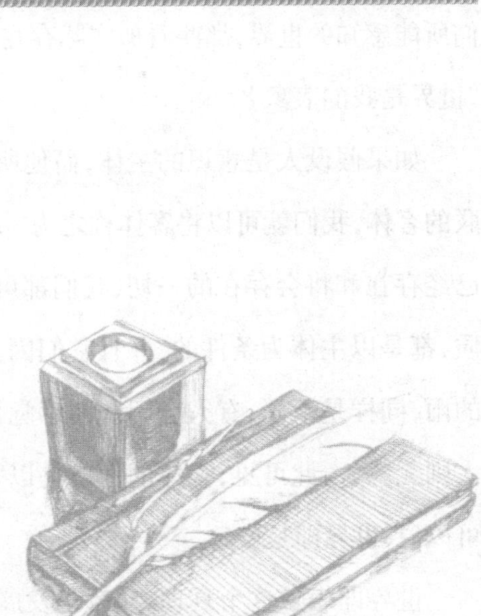

一

在这世界上，任何一种生物都有感受外界的能力：当他们看到太阳，能感受到太阳的存在；触摸到世界，也可感觉到地球的存在。就像我们人类一样，只要通过四肢感触到地球，就会在意识里确定地球的存在。这个在感受、触摸中存在的世界，即为“表象的世界”。

虽然所有生物都有感知外界的能力，但是目前只有人类能够进行哲学的思考，只有人能够将感受到的事物纳入抽象的、反省的意识当中。因此，对于我们人类而言，在表象世界之外，还应存在一个意志的世界。而我们所能感知的世界，那些看似实际存在的物质，是作为人的表象存在的，即“世界是我的表象”。

如果假设人是意识的主体，而他所能感觉到的世界，都是跟主体相关联的客体，我们就可以将客体称之为“主体的表象”。世界上所有事物，包括已经存在和将会存在的一切，我们都可以称之为客体。客体所表现出的性质，都是以主体为条件的，并且它们因为主体的存在而存在。（比如自然界的雨，同样是下雨，有人会因此而感觉忧伤惆怅，有人则觉得缠绵悱恻，有人则无感，由此可见，客体的性质是以“人”这个主体为条件的。）所以我们可以说，世界即是表象。

世界即表象这个真理，在哲学发展史上曾经被多次引用，也曾被摒弃过，但它始终对哲学的发展起到了推动和指引的作用。早在古印度的吠檀多哲学中，印度智者已经将它作为一个根本性命题，而这也是最早对这个真理有明确认识的学者。笛卡儿在怀疑论中就曾对这个真理有所揭示，而第一个明确提出这项理论的则是贝克莱。

也有人因为漠视这个真理而遭到失败，比如康德哲学。

在第一篇中，我们将世界定义为表象。仅仅从表象出发去考察世界，不能够得到最全面的认知，因此我们将在以后的篇章中阐明另一真理——“世界是我的意志”。

我们可以这样说，表象与意志是世界的两面，我们只有先从能够感知到的真理出发，才能在日后抛弃客观存在的表象，进而研究到意志层面。所以我们将可知的所有一切，包括自己的身体，都必须心甘情愿的当成眼前的客体，只有这样才能将世界看作表象。

意志是以人的身体为条件进行思考与研究，将世界从另一个层面去呈现，虽然虚无但它确实存在。世界只有表象与意志这两面，一“实”一“虚”中涵盖世界的本质，二者单独存在，互不干扰，但都是世界的定义。若要再找出第三种，那简直是梦中呓语，同时也会将哲学的研究引入歧途。

二

主体是世界的支柱，存在的意义是认识所有的客体，也只有主体拥有认知的能力。

世界上所有的客体因主体的存在而客观存在，但不能作用于主体。就拿我们人来说，既可以是主体，也可以是客体。当我们去认识世界时，那么人就是主体，而世界则是客体；当我们的意识在反省和认知自己本身的时候，人的身体也就成为了客体，就和其他客体一样，在时间与空间内存在。

时间与空间是表象多样性的条件，而这仅仅作用于被主体认知的客体。主体不需要这些条件来改变，相反的，主体是客体多样性的前提。主体既不具有多样性，也不具有单一性。我们无法认知它，因为只有它才具有认知的能力。在主体面前，所有的一切都是客体，包括“我们”。

所以，从组成表象的要素来看，作为表象的世界具有两面性，一面是客体，一面是主体。二者共同存在，并彼此依存。客体因主体的存在而存在，也因主体的存在而有意义。二者存在明显界限，客体开始处便是主体的终结点。

只有客体具有时间、空间与因果性等普遍形式，主体不具备，但主体是可以把握这些形式的。康德的伟大发现在于发现时间和空间的普遍形式都是存在于主体的意识之中的，我现在进一步主张，充足根据律就是出于我们的先天意识，是客体所具有的一切形式的共同表述。我在五年前出版的

《论充足根据律的四重根——一篇哲学论文》一书中已指出，任何一个可能的客体都服从这充足根据律，也就是都处在同其他客体的必然关系中，一面是被规定的，一面又是起规定作用的。这种互为规定的范围是如此广泛，以至一切客体全部存在，只要是客体，就都是表象而不是别的，就整个儿都要还原到它们相互之间的必然关系，就只在这种关系中存在，因而完全是相对的。

我还曾指出，客体既各按其可能性而分为不同的类别，那由根据律普遍表示出的必然关系也相应的出现为不同的形态，从而又反过来保证了那些类别的正确划分。我在这里一贯假定，凡是我在那篇论文中说过的都是读者熟悉的，并且存在记忆中；因为，如果还有在那儿没有说过的，就会在这里给予必要的地位。

三

从表象的类别来看，表象又可划分为直观表象和抽象表象。直观表象，顾名思义，就是整个可见的世界或形成世界的全部经验，以及形成经验的任何条件。抽象表象，也叫做概念，这只是针对于人类来说的；因为只有人才具有形成概念的能力，思考与理性将人类区别于其他动物。

在康德看来，直观表象的形成需要一些特定的条件，比如时间与空间，康德将这两种直观形式称之为形成具体经验的两种普遍形式。对于这两种普遍形式，人类不仅可以借助某些直观表象来抽象时间与空间本身，同时还可以不借助任何载体将其看作直观表象。也就是说，我们可以不借助任何载体把握时间与空间，但其他的直观表象或者称之为具体的经验内容就必须以时间与空间作为认识载体。

时间上各个时间点的前后相继性与空间上组成空间各部分的相互规定性，构成了充足根据律的两大特点，也是作为任何直观表象（不包括时间与空间）存在根据的特点。但无论是时间还是空间都一直在流逝，这对于一切表象都是如此，一切都最终走向消亡。

这种见解不是道听途说，而是早在远古时代就被人类所洞察。古希腊哲人赫拉克利特就在这种见解中埋怨一切事物的流动变化性；柏拉图将这见解的对象贬为经常在变易中而永不存在的东西；斯宾诺莎称之为那唯一存在着不变的实体的偶性；康德则将这样被认识的一切作为现象，与“自在之物”对立起来。最后，古印度的智者宣称：“这是摩耶”，是欺骗之神的纱幔，它蒙蔽凡人的眼睛而使他们看见这样一个世界，既不能说存在，也不能说不存在。

所以，凡是在时空中产生的一切事物都只是一个相对的存在，而这个世界正是我们将要考察的对象，它是处在充足根据律支配下的“作为表象的世界”。

四

时间、空间与因果律构成了充足根据律的三大要素。时间并不还是别的什么，而只是根据律的这一构成形态，也再无其他的属性。先后“继起”是根据律在时间上的形态，“继起”可以说是时间的全部本质。而在空间上，则表现为组成空间的各个部分的相互规定性，即表现为一个个的具体位置。因果律则表现为支配着处在时空中的物质，因此因果律也是物质的全部特性。而因果律也因物质才能被感知，物质的存在就是因果律的作用，并表现在一定的变化上，物质通过这种作用存在于时间与空间组成的时空之中。在时空中一种客体作用于其他客体必然会产生相应的结果，也正是有了这个结果，人类才能够认识不同的物质。因此，因果关系就是物质的本质所在，而物质也正因其作用而存在。

当以人类为主体时，可以对时间与空间进行直接的感知，形成表象。但这一点却并不适用于物质，所谓的物质也包括人类的肉体本身。因为物质的存在必然离不开时间、空间与因果关系。物质存在于时空之中，并有一定的形状，一定的形状必然会占用一定的空间，所以空间是物质存在的前提；物质的全部特性是以它的作用为前提，一定的作用必然使客体产生前后相继的变化，前后相继的特性正是时间的本质，因此时间也是物质存在的前提。而只有时间与空间同时存在，才有因果关系，也才会有物质的存在。但是因果关系要想获得一种普遍的有效性，就需要依靠时间和空间的特性。

只有依靠时间和空间之间的相互制约，才能使物质带来的变化能够依循既定的规则存在。时间和空间在因果关系中被统合在了一起，从而在物质中也得到了统一。时间和空间的统一使物质得以产生，因为物质的基本属性是从我们在认识上所意识着的那些形式引申出来的。因此，我们还可以赋予物质诸如不可人性、广延性、运动性等属性。

前面讲到客体是作为主体的表象而存在，所以每一种类的表象都不尽相同，原因就在于主体的感知能力不同。康德将与作为空洞形式的时间和空间自身相关联的感知能力称之为纯粹感性；而将与物质或因果关系相关联的感知能力叫做知性。知性与纯粹感性的区别就在于知性可以把握因果关系，并用简单直接的表现感知现实世界。并且这种感知是通过因果关系获得的，是一种直观的把握。没有知性就没有直观，知性是产生直观的唯一方式。基本上所有的动物都可以通过感官获得一些感觉材料，但这些只能作为认知起点，是一种动物性反映。

只有通过知性运用认知因果关系的能力对这些感觉材料进行整理，才能获得对世界的直观，这世界也才作为表象而存在。所以作为表象的世界，只能在知性的基础之上存在。从感官提供的材料中获得直观，这个过程会带来正反不同的各种现象，但每一个都坚定不移地证明了一切直观都是感性并且理智的，也彰显了知性从结果中推知原因的纯粹认识，是以因果律为前提的。因果关系的认识完全是先验的，是在我们日后形成的经验之前的，并且它是我们所形成的经验的条件。

五

我们必须要避免错误的认为客体和主体之间存在着因与果的联系。因为这样的错误意识会将我们拖入到无休止的争论当中去，最终会让独断论和怀疑论来占据我们的理智。

独断论经常以实在论或唯心论的形式出现，但事实上他们并不相同，并且经常有相悖之处。实在论认为，客体是因，主体是果；唯心论则与之正好相反，认为认识主体是因，客体是果。但是我们知道，根据充足根据律，主客体之间不存在什么必然的联系，因此实在论和唯心论事实上都没有正确的依据，这样的结果使得怀疑论和独断论水火不相容。

怀疑论认为，我们所见到的仅仅是结果而已，而产生结果的原因，是我们不能探知的，并且人们认识到的只是客体产生的作用，而不是客体本身。怀疑论指出因果关系只能从经验中得来，而经验则需要因果关系来验证，循环验证，所以根本不存在实在性。真相正好相反，我们要明白一点，那就是客体就是表象，人们所能感受到的客体就是客体的作用，这种作用就证明了客体的实在性，因而离开主体的表象去追寻客体的真实存在也就变得毫无意义。正如因果律要在感知和经验之前，并且是感知和经验产生的条件一样，客体和主体也是先于知识的，同时也先于充足根据律，是知识的前提。其实，充足根据律也是客体的一部分，与主体并不存在什么因果。错误地将充足根据律应用于主体身上就导致了以上错误的争论。

此外,对外在世界实在性产生疑问的还有一个问题,这个问题虽然有一定的思辨基础,但是也是从现实中产生的,这就是梦与现实的关系。我们每个人都有做梦的经历,在梦中似乎有一个清晰可见的世界,那么人生是否也是空梦一场呢?那么,我们又该如何分辨梦境和现实之间的区别呢?

对于这个问题,康德解释说:可以通过因果关系来分辨梦境和现实。我们明白,作为表象的客体之间,最终通过因果关系联系到一起,人生同样如此,有着一贯的、遵守充足根据律的联系。这种联系只存在于单独的梦境之中,而在每个梦境和现实之间,则没有因果关系,这样我们就可以区分梦境和现实了。这个方法在理论上似乎是可行的,但是在实际应用中却存在着困难,有时甚至根本做不到。在现实生活当中,我们并不能确定每一件事和其他事情的因果关系,但是我们并不能说,有些事情不存在因果关系,所以他们就是梦境。我们区别梦和现实的一般标准,往往是建立在经验基础之上的,就是我们醒来的那一刻。根据这一标准,梦和现实才有了明显的区别。但往往我们在平时的生活中会不经意的忽视确定梦与现实之间的因果关系,所以,我们也就永远无法确定一个片段究竟是梦幻的还是真实的。

其实,很多人已经承认了这样的事实,在《吠陀》和《往事书》(都是印度教的经典)的经文中,经常把现实生活比作是一场梦境。柏拉图也常说:常人都是生活在梦境之中,只有哲学家在挣扎着从梦中解脱。还有卡尔德隆(西班牙剧作家、诗人)也深深地为这种见解所折服,以至于他曾企图在剧本《人生一梦》中把这看法表达出来。人生和梦都是就像是一本书中的每一页,页与页之间是存在连续性的、是现实的。若打破这种常规或者只选取有梦的书页进行阅读,那么虽然不存在了连贯性,但是可读性不见得比现实差多少。

所以我们知道:一本书,即使是前后连贯的,但是内容也不过是一种有序的堆积，打破这些秩序，也可以对一本书有所了解。所以一本书可以看做是一页书，比较长的一页，从哪里开始看起已经不重要了。如果人们以凌驾于常规之上的态度看待梦与人生的话，那么人们将接受人生是一场大梦的看法。

人们对于外在世界是否存在的眼睛，最内在的意义在于它会让人们开始思考，这个可以用眼睛看到的世界，除了表象之外，还具有怎么样的真相？它是否与人的身体一样具有两面性，一面是表象，一面是意志呢？这个问题我们将在第二篇进行研究。

六

在这一篇里，我们把世界和一切都作为表象，作为主体的客体去研究，这些表现中也包括我们的身体。这个论断虽然很片面，但是却有必要性，我们会在之后的研究中逐渐弥补这样假设的不足，以期达到客观全面的效果。

我们认识世界的可能性有两种。第一，从客体的角度而言，就是物体之间的互相作用及互相引出的变化，从主体上讲则是人类的主观能动性；第二，就是动物的感性。这二者不能缺少一个，物体之间如果没有相互之间的作用，就不能形成客体，即使身体有感觉也不能是真正的直观；如果没有知性，我们就不能认识因果关系，要想达到直观也是不可能的。

感性是身体能直接成为主体的客体所具有的一种特殊的属性，在这里，身体是一种特殊的客体。当身体具有感性，便能利用知性感受到外界发生了什么变化，从而能够直接被外界认识，所以身体这个时候就可以被看做是最直接的客体。但若想成为真正的客体，还要通过在时空中与其他事物的相互作用被直观地认识之后才能成为表象。一切动物的身体都是直观世界的前提，都是具有知性的，因为他可以认识到客体的存在。所有知性都具有因果关系，因此可以从结果推导出原因，从原因过渡到结果。

但是，由于敏锐程度不同，知识多寡不同，知性也存在着明显的高低之分。最低级的知性只能认识到身体和客体的因果关系，而最高级的知性可以认识大自然中从最简单到最复杂包括直接与间接客体间、间接与间接客体间的所有的因果关系。但即使最高等的认识也属于知性，还没有上升到理性的高度。因为知性的作用是理解和认识，而理性的作用则是接收、固定、联系那些被直接理解的东西，也就是对知性所认识的东西进行思考的探索。

发现引力法则，用公式证明它；观察自然现象，研究其作用；发现物理性色彩的产生方式……这都是知性的作用。可以说所有的重大发现都是知性的作用，都是直接地、直观地被把握住，是一种思想的顿悟，而不是对于抽象事物的理性拖延。理性的作用就是把已经认识的真理变成抽象的理论或是公式，加以固定，获得明晰的结果，并明了其意义。

能够直接认识世界，这让知性具有特殊的敏锐，并且在不同的领域产生不同的作用。在日常生活中，知性为意志服务，继而产生了行为的动机，也能够帮助人认识到阴谋，让人显得精明；在自然科学领域，它可以帮助人们将已经获知的正确理论作为条件并沿着正确的方向探索到未知的原因，或者用已经知道的原来来预测结果，因此人具有了判断力和观察力。缺少知性，人就会显得迟钝，这主要表现为对因果联系的反应迟缓，甚至无法把原因和结果联系起来，对表象缺乏理解力。

不同人之间的知性也有所不同，在不同种类的动物之间更是区别巨大。但即便是最低等，哪怕是接近植物的动物，都可以通过直观感知到客体，甚至可能因此而产生动机去行动，而不是像植物那样只能依靠刺激才能产生反应。在人身上由于知性和理性总是相互支撑的，所以我们并不能明确辨认知性在没有理性的情况下能有什么程度的作为。纵然如此，通过对那些高等动物的机智行为的研究，我们也可以大致推测出来：知性的普遍存在形式即为对原因和效果的认识，并且也是动物先验（通常意义上理解，同“经验”相对，意为先于经验的，但为构成经验所不可获缺的。但此概念涉及对近代西方哲学基本问题的探讨，在不同语境，词义有微妙的区别）所具有的。下面这个例子可以有效证明这一说法：一只小狗，即使再年幼，也不会轻易地从地势高的地方跳下，尽管它很想走捷径，但是它却不敢这样做。因为它可以预见到自己体重产生的重力效果，而这并不是从经验中获得的，完全是先验产生的。

缺乏知性叫迟钝；在实践中缺乏运用理性的能力叫做愚蠢；缺乏判断力叫头脑简单；缺乏局部的或整个的记忆或判断力则叫做疯狂。真理是由理性正确认识到的，是一个需要充分根据的抽象判断；实在性是由知性认识到的，认识的过程就是从直接客体的表象上所感受的效果正确地过渡到它的原因。谬误是对理性的蒙蔽，与真理相对；假象是对知性的蒙蔽，与实在相对。我在那篇关于《视觉和颜色》的论文的第一章里对这些都进行了详细的论述。

其实假象是这样出现的：原因甲和原因乙都可以引出效果丙，而当甲引出丙时，我们却因为习惯以为是乙引起的，这就产生了假象。比如笔直的棍儿浸在水中所呈现出的曲折形象，这种假象是在当下的直观中呈现在我们眼前的，理性的任何推理都无法消灭它，虽然我们早就知道光的折射原理，但我们看到的仍旧是一根弯曲的棍子。理性是唯一附加于人类，为人类所专有的认知能力。理性的推理只能防止谬误，是用一个与谬误相反的正确推论来防止谬误，但它并不能消灭假象，这也正是知性和理性之间的不同和严格的区别。

七

我们这里的考察方式不同于以往任何哲学，我们既不从客体出发，也不从主体出发，更不需要依靠充足根据律从一方转到另一方。相反，我们是把客体和主体之间的关系从充足根据律的支配范围中提取出来，假设充足根据律只是针对客体而言的，这同现在的同一哲学（指德国哲学家谢林的哲学）不同。同一哲学的基点是理智的表层，理智的直观虽然可以认识到客体的绝对本质，但是这个理论其实也是从充足根据律而来的。并且不管是费希特的自我学说（主张客体是从主体中推演外化出来的学说），还是谢林的自然哲学（主张主体是从客体中逐渐演化来的学说）都是按照充足根据律来建构的。

我们可以从客体出发，将之前的哲学体系分为四类客体：第一类是从现实世界出发的泰勒斯和爱奥尼亚学派，德谟克利特，伊壁鸠鲁，乔达诺·布鲁诺以及法国的唯物论者；第二类是机遇抽象概念的斯宾诺莎和更早的爱利亚学派；第三类是从时间、从数出发的毕达戈拉斯派和《易经》中的中国哲学；第四类则是从认识引起的意志活动出发的经院学派——认为存在一个在世界之外但具有人格的力量正在以自己的意志活动从无中创造出新的世界。可以说，在这些哲学体系中，唯物论从理论上是最讲得通的，也是前后最为一致的。

唯物论认为物质与时空是共同存在的，它以因果律为贯穿理论的线索，并把因果律当做永恒真理来观察事物。唯物论找到了事物最初之间的状态，然后推导出了其他的状态，并从单纯的机械性上升到化学作用，延伸到磁性的两极化作用，再到植物性、动物性等等。这条链带最后的一环是动物的感性，它是由感性产生的认识作用作为于因果性产生的物质状态而出现的。于是，我们也就发现了唯物论的内在：唯物论的最终论点是，感性所产生的认识，可是，这也是他最初的出发点，也就是在纯物质时，就已被假定为是必不可少的条件了。

因此，唯物论者就好像是一个人要揪着自己的头发，把自己拉起来一样。而这也就意味着，唯物论者把对客体事物的说明作为了它的最终理论根据，客体事物可以是抽象思维中的物质，也可以是以知识形式存在的经验物质或元素，而这正是其荒谬之处。可以这样说，如果人们放开主体不谈，那么客体也就不复存在，唯物论显然也不复存在，这将在我们之后的研究中一步步加以证实。所有狭义的科学，就是那些以充足根据律为真理的知识，都不可能说明问题的最终含义。因为通过这种知识永远不可能看到问题的本质，永远不能超出表象之外，除了能够教导人们认识一些表象间的相互关系以外，再没有什么了。

通常来说，每一种科学都包括两个方面：其中一个是在某种情况下存在的充足根据律，也就是科学的论证工具；另外一个是这门科学所研究的对象。例如，几何学以空间为研究对象。事因学的指标和目的都是从因果关系出发的，使物质的一切都可能最后还原到一个状态，又使其互相引申，最后从一个状态又引出其他一切状态。

于是，在自然科学中有两种状态作为相互对峙的两极，即离主体的直接客体最远的和最近的两种物质状态。但是就目前的情况而言，科学研究都没能达到这个阶段，只是在某些中庸的地带有所发现了。这些我们将会在下一篇具体说明。这一媒介能够帮助我们考察“作为表象的世界”，但要清楚的是它并不先于经验与知识而存在。以上是我们对唯物论研究的结果，同时也有助于把主体与客体及其不可分的相互依赖关系凸显出来。在主体和客体相互独立的基础之下，唯物论所指出的是我们不能在主客体之中，而只能在主客体之外寻找世界的本质——物自体。

而费希特的伪哲学则与唯物论的路径完全不同，它是从主体出发，去探寻客体。人总是因为对某种事物的好奇心而产生了哲学思维，而这困惑就是柏拉图的惊异怀疑，是一种富有哲学意味的感情。真正的哲学家，他的疑问是在对世界发生观察之后产生的，伪哲学家则相反，他对一本书或者是一个理论产生了困惑，正如费希特的困惑就是从康德的《纯粹理性批判》这本书中产生的，他误解了这本书的主要观点——充足根据律不是唯一的真理，它只在现象界才会有效。康德之所以从主体出发，是为了指出从客体出发的种种错误。而费希特却把从主体出发当作前提，不断推进，所以犯下了严重的错误。

不过，他并非一无是处，如果说唯物论代表了从客体出发的最彻底的哲学体系，那么他则代表了从主体出发的最为彻底的哲学体系。费希特不仅忽略了他在指定主体时，已经认定了客体的存在，并且还忽略了一切先验的引申都要以必然性为支点，而一切必然性又仅仅只是以充足根据律为支点，因为所谓“必然是”和“从已知根据推论”是可以互换的同义概念。

但是我们的考察办法不会走进以上的误区，我们不从客体或是主体出发，而是从表象出发的。所谓的表象就是意识的最初反应，表象在第一层本质上拥有的基本形式就是主客体的分立。同时客体的形式又是内在各种形态的充足根据律，每一种形态都支配着一类表象，认识了一种形态便认识了在该形态中所涵涉的一类表象的本质，即形态本身便是作为表象的类别。

属于人的那种表现，我们还在考察中，但已经明确了的是这类表象的素材就是概念，而他在主体方面则应该是理性。

八

现在我们从直观领域转向理性，从表象转向概念。在直观领域，一切都是清晰可见的，不会产生问题和怀疑，也不会有谬误。人们对直观领域的东西不会也不能再有所求，因为人们在直观中已心安理得，在当下就会获得满足。直观是非常完善的，所以凡是纯粹从直观中产生的、忠于直观的事物，就像真正的艺术品，就绝不会出错，无论何时都不会被推翻。直观之所以正确，是因为它并不是发表任何意见，而只是提供事物本身。在直观表象中，即便是假象也只能在一段时间内歪曲事实，掩盖不了直观的本质。但在理性领域则不同，理性的错误和假象会产生怀疑和谬误，在实践上出现顾虑和懊悔。

理论上的谬误，有时候甚至会持续几十个世纪，支配人们的思想、束缚人们的行为，错误的理论会对实践产生巨大危害。因为我们总是在追求真理，所以我们有必要消除谬误。虽然有人强调过：即便看不到任何好处，我们仍要追求真理，因为真理的好处是间接的，也许当时看不到真理的妙用，但是未来总能给人带来益处。我在这还要加上一句,说:即便是看不到任何害处,人们也得同样做出努力来揭露并铲除每一个谬误,因为它的害处同样是间接的,总会在人们没有提防的时候出现,并且每一个谬误里面都藏着毒素。我们要用真理的力量驱除谬误,纵然真理在取得胜利的过程中会遇到很多艰苦困难,但真理的获胜足以弥补这个遗憾。当真理一旦赢得了胜利,那将永远正确。

以上我们所考察的表象在构成上,从客体来说就是时间、空间和物质,从主体来说就是纯粹感性和知性。除此之外,人类还有一种区别于其他一切动物的能力,这就是反省思维。诚然,这种意识在事实上是一种反照,是从直观认识中引申出来的,但是它有着与直观认识完全不同的性质和构成。它并不了解属于直观认识的那些形式,即便是支配着一切客体的根据律,在这儿也有着完全不同的另一形态。

反省思维是新的非主观概念中的反照,唯有它能够赋予人类拥有思考能力。这也是人在意识上与动物的不同之处。由于这一区别,人在地球上的所作所为才如此的不同于那些无理性的兄弟种属。由于有了反省思维,所以人在势力上超过其他物种,可我们也应该认识,同时我们也因此在痛苦的程度上超过动物。

对于动物而言,它们只生活在现在,但人类不仅生活在现在,还生活在过去和未来;动物只满足于眼前的需要,人却能够以自己机巧的方式为未来筹划,甚至为那些根本不可预知的时代做准备;动物完全听凭眼前印象的摆布,听凭直观动机的作用摆布。但是人却能不拘于现前的抽象概念。因此人能执行预定计划,遵守规章制度,可以不顾一时的环境,不顾当前偶然的印象。譬如说,人能够为自己以后的事做出安排,能够伪装自己从而让其他人无法看出破绽,甚至把自己的秘密带到坟墓中去。最后在为数很多的选择中，还能行使真正的选择权。

因为在抽象中，这些动机同时存在于意识中，但只能产生一个认识，也就是说动机是互相排斥的，只有通过实力上的较量，才能决定最终由哪个动机支配意志。在较量中占优势的动机，也就是起决定作用的动机，成为经过考量后意志的决定。这一动机也是透露意志本性的一个可靠标志。而动物则只能根据眼前世界做出被动选择。动物有感觉，有直观，而人还具有思维和求知欲。

欲求是动物和人所共有的。动物用姿态和声音传达自己的感觉和情绪，而人则是用语言对别人传达思想或隐瞒思想。语言是人理性的第一产物，也是理性的必需工具。唯有借助于语言，理性才能完成最重要的任务，例如许多人协同一致的行动，几千人有计划的合作，国家和文明还有科学，过去经验的保存，概括共同事物于一个概念之中，真理的传达，谬误的散布，思想和赋诗，信条和迷信等等，都需要语言去完成。

动物只有在死亡的同时才能意识到死亡的存在，而人则能意识到自己在逐步走向死亡。即便一个人还没认识到整个生命不断在毁灭这一特性，逐步走向死亡有时也同样会让他感到生命的可虑。哲学宗教的产生也正是因此而来的。在人的意识中，我们能够找出理由给予某些东西高于一切的评价，如自觉的正义行为和由心性出发的高贵情操，这些东西是不是来自于哲学或宗教，目前尚未明确。与此相反，即使是专属于哲学和宗教的产物，也是通过人的理性在探究的这个过程中所产生出来的，有时候也等同于各派哲学家那些离奇古怪的意见，各教派僧侣们那些奇奇怪怪的，甚至是残酷的习俗。

以上我们列出的诸多不同，阐明的人类高于动物的诸多表现，归根结底都是由一种能力产生的，这也是一切时代、一切民族共同一致的意见。这种能力就是人对于动物所以占优势的那种特殊精神力，我们将其称之为理性，在希腊文中叫做“逻各斯”。理性是人类区别于动物的主要能力，这一点已经取得了共识，人们还对理性有了很多认识，比如这一能力的表现，它与非理性的区别，它对情感的控制，用理性进行推论等等。最后，人们还知道，由于动物缺乏理性，即便是动物中最聪明的一个，也不能指望它能做成任何事儿。

但是到目前为止，人们没能给理性下一个严格的定义，或者说还未明确理性的本质。许多哲学家从理性和启示的对立来说明理性的本质，事实上，这样的做法只能让探讨变得更加混乱。到目前为止更没有一个哲学家能总结出理性的一个本质功能，洛克虽然指出了这个归纳的原则和方向是抽象出人兽之间区别作用的特征，但他并没有最终完成这个工作，莱布尼茨同样如此。至于康德，他也混淆歪曲了理性的本质，而这种错误影响了很多人。这一切又都是从贝克莱说的那句话产生的：“少数几个人在思维，可是所有的人都要有自己的意见。”

知性只有一个功能，就是直接认识因果关系。而真实世界的直观，以及一切聪明、机智、发明的天才等等，尽管在应用上如何多种多样，但很显然都是这单一功能的诸多表现，再不是别的什么。和知性一样，理性也只有一个功能，这就是构成概念。通过这个功能就很容易说明人和动物之间的种种不同，并且是完完全全自然而然地说明了的。人们常说的合理其实也就是应用了这个功能，反之也是如此。

九

概念能够形成一种完全不同于直观表象的特殊表象，这种表象只存在于人的心智中。概念并不能获得直观的、自明的认识，只能通过抽象和推理来认知表象。如果把概念当作真实的客观世界来体会，而外在世界又正是直观表象，那么，要求在经验中证实概念，或者要求和直观客体一样，可以把概念放在眼前或想象之前，那就文不对题了。概念不是经验的对象，只有在被人使用之后产生结果，才能成为经验并被人们所把握。这类结果包括有计划的行动，科学以及由科学产生的一切，以及语言。

语言是用来传递意义的工具，它在表达意义时并不掺入想象，而是直接地、准确地、清晰地被掌握，因此它代表的是抽象表象，是在理性范围内的，是理性与理性的对话。理性所传达的和所接受的都是抽象概念，并非是直观的表象，而这些概念又是一次构成便次次可用的，在数量上虽比较少，却包括着、蕴含着、代表着真实世界的无数个客体。这也是为什么动物不会使用语言的原因，因为语言与理性相辅相成，而动物是没有理性的。

既是这样，所以语言，以及一切隶属于理性的任何其他现象，以及一切区分人禽之别的事物，都只能以这唯一的、简单的东西作为来源而得到解释，而这就是概念，就是抽象的、非直观的、普遍的，不是个别存在于时间、空间的表象。只有在个别的场合，我们才可能从概念过渡到直观，为自己构建幻影以此作为概念的形象化的代表。但这幻影绝不能有恰如其分的代表性并且只能和概念完全契合无间。虽然概念和直观表象有最为本质的区别，但它们同时也是不可分割的：概念是对直观世界的摹写、复制，可以说是表象的表象。概念同样是在充足根据律的约束之内，但这又和直观表象领域存在区别：直观表现可以根据因果关系推导吸取，直到最后一个直观表象；概念领域的抽象表象虽然也可以不断从一个抽象表象推演到另一个抽象表象，但是最终会推演出一个直观的表现，因为抽象表象是要以直观表象为基础的。

由此，抽象表象这一类别有别于其他类别，也就是说：在其他类别的表象当中，根据律总会导致一个表象和同类的另一个表象之间产生关系；而在抽象表象，到了最后却导致一个表象和不属于同类的一个表象之间产生关系。概念又还可以分为“共相”和“殊相”，前者是指间接概念，后者则是直接在直观世界中就有其根据的概念。但是有一点要注意，“殊相”这一称呼同它所指的概念其实并不完全相当，因为这些概念总还是抽象的共相而绝不就是些直观表象。这两种称呼本不过是在要说明两者的区别时，在模糊的意识中产生的。既然这里已另有解释，依旧沿用也未尝不可。第一类，也就是特殊意味的“共相”的例子，有“关系”、“美德”、“探讨”等等概念。后面一类，也就是名实不大相符的“殊相”，则有这些概念：“人”、“石头”、“马”等等。有这样一个比喻可以很恰当地说明这二者之间的关系，那就是后面这一类概念是反省思维这个建筑物的地层面，而第一类概念则是其上各层的楼房，但这个比喻太形象化，从而有些荒诞可笑。

概念的根本特征是抽象性和概括性，也就是说一个概念能够指代一类在本质上相同的直观表象，尽管这些直观表象存在很多非本质的区别。即便是一个“殊相”，虽然只需要一个概念，但它也同样能够代表一类直观表象，具有一般性和抽象性。

概念的意义总是模糊的，会形成一个意义范围，不像直观表象那样确定。于是就会出现两个或者多个不同的概念在意义上有重叠的部分，对这种重叠关系的认识就是判断，例如主语和谓语的关系表述就是一个判断。概念之间的关系有下面几种情况：

(1)两个概念有等同的含义。

(2)一个概念的含义囊括了另一概念的含义。

(3)一个概念有两个或两个以上的含义，这些含义虽不互相包含但同属一个概念。

(4)两个概念的含义具有相互重合的部分。

(5)两个概念的含义共同包含在第三个概念中，但并不完全被包含。

所有概念之间的关系都可以归纳为上面这五种情况，或者是从这些情况当中引申出来的，推演这些关系的过程就形成了逻辑。逻辑只是存在于哲学上的理论问题，在实际生活中用处很小。逻辑和合理的思维，就像伦理学与美德，或美学与艺术。从来没有人是因为研究了美学而成为艺术家的，没有人是因为研究了伦理学而获得高尚品质的。

其实人们也并不需要懂得逻辑，只要不被错误的推论所欺骗就可以。人们很少用逻辑来否定一个错误的推论，同样也很少借助于逻辑规则来做出一个正确推论。即便是最渊博的逻辑学家，当他在进行真正的思维时，也会把自己所擅长的逻辑学抛到一边。

逻辑作为概念的先验关系，和其他科学有根本上的不同。科学是从一类直观表象中抽象出规则、规律，进而形成真理，普遍真理也能够帮助人认识个别现象。但逻辑则相反，它是以规则的形式，表现出有关理性的工作方式的知识，并以此为工具对理性进行自我观察，抽去一切事物的内容从而获得的普遍知识。人的理性在工作时，自然遵循事物本身的原则，而不需要首先学习这些原则再去工作。因此就出现了一种特殊的情形:在其他学科中,我们是用普遍规则去检验个别情况的真实性的,在逻辑中则相反,规则反而是要放到个别情况下来检验的。即便是逻辑学家,当他发现他在个别情况下做出的结论与所说的规则有出入时,他也总是要先肯定规则,然后再在他实际做出的结论中找差错。

尽管逻辑没有实效性,但也不能因此就说它是没有价值的。因为逻辑是有关理性的组织、活动的特种知识,有一定的哲学意义。它作为一种自足的、自为存在的、圆满的、完整的、完全可靠的一门学科,有理由单独地、无所依傍地、科学地去加以研究,并且有理由在各大学讲授。不过,只有在整个哲学体系中,考察认识并且是在考察理性的或抽象的认识时,逻辑才能获得它特有的价值。因此,传授逻辑学就不应用一种太着意于实用科学的形式,不应只包括一些简单的确定并且是用以校正判断、推论错误的规则,而更应着意于认识理性的、概念的本质,详细考察认识的根据律。因为逻辑不过就是这一根据律的意译而已。而且实际上也只有这一种情形,就是说在进行判断时所需要的那些作为根据的真理不应该是经验的或形而上的, 只能是逻辑的或超逻辑的。理性的全部内容就是通过认识的根据律、思维的其他三个基本法则和超逻辑的真理判断这三个条件逐步完善的。思想的真正本质,就是判断和推理的本质。所以逻辑虽然不像其他科学那样可以指导人们的认识,但它却可以在辩论时方便地被用来指出对方蓄意蒙骗的结论。

虽然在中世纪,因为经院学派给逻辑抹了黑,使逻辑的威望降低了,但是作为一门自足的、实际的、有必要的科学,逻辑学一直延续到了现在。并且,在我们这个时代,康德从逻辑中找到了他那哲学的奠基石,他的哲学也重新对逻辑掀起了新的兴趣。如果从这方面看,也就是从作为认识理性的本质的手段看,对于逻辑有这样的兴趣倒也是应该的。

十

理性只能在有所获取之后，才能有所给予。仅就它自身而言，除了它用以施展的空洞形式之外，再无他物。纯粹的理性认识，只有四个定律：同一律、矛盾律、排中律、充足根据律。除去逻辑自身，逻辑的其余部分都缺乏足够的理性，因为这些部分是关于概念关系的，而概念首先是建立在假设表象存在的基础之上。但因为这假定并不涉及概念的固定内容，而只涉及概念的实际存在，所以逻辑依然可以说是纯粹的理性科学。所不同的是，在其他一切科学中，理性都接受了来自直观表象的内容：在数学中这内容来自先于经验、直观地意识到空间关系和时间关系；在自然科学中，即是在我们对于自然过程先于一切经验的认识中，科学的内容来自纯粹的知性，即来自因果律及因果律和时间、空间的纯粹直观相结合的先验认识。在此以外的一切科学中，即不是通过上述来源获得一切内容的科学，它们的内容都一概来自经验。

"知"这个概念指的是在人的心智模式的作用下，可以对外界事物进行准确的判断，而这些判断在它们自身以外的别的事物中有其充分的认识根据，即可说这些判断是真的。所以只有抽象的认识才是"知"，它是一种理性的思维。动物虽然也有直观的认识，而且也有记忆直观事物的能力，既有记忆，当然也有想象。但这些并不能代表动物也有所"知"。因为我们说动物有意识，那就是说意识作用这个概念，在语源上虽然从"知"而来，却同表象作用这个概念符合一致，不论是哪种表象作用。

因此，我们说植物虽有生命，却无意识。所以“知”是抽象的意识，是把在别的方式下认识了的一切又在理性的概念中加以固定起来的过程。

十一

在这种意义下，与“知”真正对应的便是“感”，所以我们有必要对“感”进行解释。“感”这个概念之前没有明确的解释，只有一个否定意味的内容，即那出现于意志上的东西不是概念，也不是理性的抽象概念。除此之外，无论是什么，都隶属于“感”这概念之下。“感”这个概念的含义极其广泛，所以在这个概念范畴里可以容得下极其不同的事物。对于某些东西，如果人们还没认识到，但是能够确认这样东西不是一个抽象的概念，就可以将它们列入“感”的含义圈内。在否定的意味上它们是互相一致的，从而也就能理解它们类聚在一起的原因。因为最不相同的，甚至可能是敌对的因素都一并存在于这个概念中，并且相安无事。比如真理感，美感，有力感，软弱感，荣誉感，耻辱感等等。所以这些“感”之间，除了全都不是抽象的理性认识之外，再没有丝毫共同点。

这还不算，最为触目的是人们把空间关系先验的直观认识，甚至把纯粹悟性所有的先验直观认识也置于这一概念之下。所以可这样认为：每一认识，每一直观，只要仅仅是直观地被意识到的，但还没有在概念中沉淀的，就都是人们感受到的。

我记得在欧几里得德译本的导论中读过这样的话,大概是说,应该让初次学习几何的人,在没有上课之前,先自己学着绘制几何图形,如此便可在学习课程之前,先感受到几何学的真理。

“感”这概念,和其他的一切概念都不成比例,无疑有着这样的来源:一切概念,也就是凡是词语所能代表的,都只是对理性才具有的,都是从理性出发的。所以当人们秉持这一个概念的时候,其实就已经是站在一个片面的立场了。可是从这样一个立场出发,越是近于自己的,就越是显得清楚明白,就越容易得到肯定。而远于自己的就含糊不清了,并且随即也就只涉及它的否定意味了,每一民族都将其他民族的人称之为外族,基督教徒称所有其他的人为异教徒或多神教徒,贵族则把不属于自己这个阶层的所有人称之为小民,大学生称一切其他的人为市侩,如此等等。这种片面性,人们也可以说是由于骄傲产生的孤陋无知,听起来尽管有些特别,但事实上确实要归咎于理性自己。因为理性用“感”这一概念来涵盖任何样式的意识内容,只要这内容不是直接属于它自己的表象方式的,即只要不是抽象的概念。

因此,理性由于没有通过彻底的自我认识而弄清楚自己的工作方式,直到现在,还经常会发现在自己的领域内发生内部的混乱,自食其果。但是不仅如此,到现在竟还有人提出了一种特别的“感”的能力,并且还在为之构造理论。

十二

上面我们已经说明“感”和“知”是两个相对的概念，知是抽象的认识，也就是理性认识。这虽然没有增加我们的知识，但是却把直观的知识化作了可以被应用到实践的能力。因为直观知识都是从当前事物开始的，也最终从当前事物结束，它只能把握一个单一的客体，但任何持续的、有计划的行动都必须从原则出发，这就需要直观知识转换为抽象知识。虽然这种转变让知识失去了形象性，但同时也获得了抽象知识的妥当性和普遍性，形成原则从而可以用来指导实践。

不过我们还非常有必要讨论一下人类认识能力的另一个特性：空间上的关系不可以直接转化成抽象的知识，它必须先经过时间上的量，也就是数，然后才能成为抽象知识。例如一英里和一英尺这两个概念，如果把他们转化成空间上的距离，便不再是抽象知识，就能够被我们所理解了。或者是通过时间关系，也就是数来被认知。例如，我们如果要区分千和十这两个数字概念，完全没有必要找到一千个客体和十个客体去做比较，而是直接就可以利用理性辨别它们之间的关系。空间关系很容易被直观，但不能直接转换为抽象知识；时间不容易被直观，但十以上的数可以借用抽象知识被人们理解。

人的心灵有两种不同的趋向，有些人倾向于在直观中认识事物，而另一种人偏爱运用抽象知识。一个寻求形象性，一个寻求准确性，这二者虽然不同，但是相互之间却并不矛盾，他们共同组成人们的特性。

抽象的最大的优势是能够被传达和保存起来。直观知识可以认识物体变化和运动的因果关系，所以个人单独用它进行连贯的行为是可以的。但是如果行为需要多人配合，需要认识不同的因果关系而需要一个计划时，就必须有抽象知识的帮助。这是因为，在知识传达时，首先必须转化为抽象，才能突破当前运用于未来，从而实现计划。值得注意的是，单独一个人完成一个连续行为，比如击剑，纯粹运用知性和直观知识就足够了，这时候如果使用理性，会使人分心而影响行为。若想把连续行为做得更好，需要通过反复训练形成下意识动作才行。下意识动作产生的行为是很精妙的，以至于很难被抽象的概念所概括。虽然我们可以通过研究这些行为的一些共有的规律，形成抽象知识，进而将其作为进行指导的依据。但要获得一种技艺，依靠概念还是不行的，因为概念永远无法像直观那样细致。

将直观变为准确的概念，几乎是一件不可能的事情。一切真正的艺术都是从直观出发的，因为概念只能用来指导艺术中的技术部分，艺术最终获得的成就，还需由直观体现。甚至诸如社交中所体现出来的气质风度，概念也只能防止粗暴的自私自利心和兽性的发作，而风度翩翩、雍容华贵、善良真诚的气质却不能从概念中得来。一切伪装的假情假意都是思索的产物，虚假的东西不能持久，因为最终会露出破绽。“没有人能够持续不断地伪装。”这是辛乃加在《仁慈论》那本书中说的，伪装多会被看穿而失去效果。人在生活中遇到危机时刻，需要当机立断，敢做敢为，迅速而坚定地应付事故，此时虽然理性是必须的，但是如果让理论占据了心智，那就会心乱神迷，妨碍直觉的、直接的、纯悟性的洞见和正确地掌握对策，从而显得优柔寡断，更容易把事情搞得更糟糕。

还有神圣的美德也只能是从意志，以及意志和认识的关系中获得，而不是从理性的思考中获得。即便是所有人信奉的伦理信条都一样，也不可能产生完全一样的行为；而行为相同的人，也可能秉持着完全不同的伦理信条。这是因为伦理行为是以“感”为依据而不是以概念，也就是说行为出自人们的直观，而不是概念。当然，理性对于美德也是必不可少的，它的实现需要理性作为保证。因此，尽管各个民族的宗教教条各不相同，但是所有民族在面对善行时，人们总是会有难以形容的快慰，而面对恶行时也都会产生憎恶之心。并且冷嘲热讽不能动摇前者，神父的赦免也不能解脱后者。理性不是美德的源泉，它的作用在于帮助人们下定决心，正确看待表象，抵制意志的一时薄弱。最后，理性在艺术上也有同样的功能，在主要的方面，理性固然无能为力，但它可以支持艺术工作的进展，因为人的天赋不能随时随刻招之即来，但一件作品却要一部分一部分的去完成才能圆满地结束整个工程。

十三

上面的考察已经阐述了应用理性的利弊，也说明抽象的知识必须以直观作为依托，是直观表象的反照，但是却并不与直观完全吻合，在很多地方，抽象还是不能取代直观知识的。这时候人类必须依靠抽象知识，运用理性能力才能完成得更好，但有时理性会让事情变得更糟糕。正是因为直观的和抽象的认识不相吻合，所以后者之近似于前者亦如镶嵌画之近似于绘画。还有一种现象较为特别，它和理性一样也是人所特有的，这个现象就是

“笑”。人们曾经试图将这个现象说明得更加完善,但目前还未做到。

笑其实也是以直观的和抽象的认识不吻合为根据才产生的现象,它的根源在于突然发觉通过概念被思维的客体与概念并不完全吻合。这种不吻合可以分为三种情况:第一种,是一个概念概括了两个或两个以上的客体,但却在某些情况下凸显了两个客体的一些差异;第二种,是一个概念只能概括一个客体的一部分特征,而其余特征却不能被包括在内;最后一种,是一个概念在一方面能很准确地概括一类实物,但在另一方面在广泛程度上这个概念又不符合实物,从而因为这种强烈对比而产生发笑效果。所以任何笑的发生,都是由于一种似是而非的,从而也是意料之外的概括作用所促成的,不管它是由语言文字还是举止动作表示出来。根据上面的理论,我们可以获知,笑料可以分为两种:一种叫滑稽,它是通过把两个或多个很不相同的客体纳入同一个概念中以此来产生发笑效果;另一种叫憨傻,它是把概念过渡到现实,在行为过程中错误地依据概念的统一性把毫不相同的客体一并看待和处理,从而暴露出这些客体间的差异,使人发笑。前者是从客体的广泛性到概念的同一性来显示出直观表象与概念的不完全吻合,后者则恰恰相反。前者往往处于故意,而后者绝大部分是无心的,并且是由外因促使而成的。

表面上把这种出发点颠倒过来,把滑稽伪装为憨傻是喜剧演员们的特长。这手法是这么回事:他们明知各个实体的不同,却用那滑稽的手法把客体统一于相同的概念之下,从这里出发,之后暴露出客体间的差别时便使他惊愕、不知所措,事实上,一切都是他们事先安排的。

如果把最后这种逗乐的方式除外,从这个简略的,然而足够完备的笑之理论可以看出“滑稽”总是通过语言表示,而憨傻则多通过动作表示。不过在只扬言要做但没有真正着手时,或者是这傻气仅仅只在判断和意见中露出时，当然，憨傻有时也可用语言来表示。憨笑还可能是属于迂腐的笑料。迂腐是因为人们不信任自己的知性，在很多场合不愿意让自己的知性去判断表象，总是一味的仰仗理性，从普遍概念、规则规范出发来判断，不经意间产生发笑效果。笑料的产生是因为概念和实际出现了偏差，概念永远不能和实际事物完全吻合，这一点在个别事物上体现得尤为明显，概念的普遍性和规定的僵硬性使得概念和规定不能完全与事物的细微差别和多种特征相契合。

在生活上，一个迂腐之人尽管满腹格言、规范，但是总会因为太过执迷于理性而显得毫无用处、索然寡味。在艺术上，概念更是没有多少存在的必要，那些只按照美术教科书上技巧去作画的迂夫子，也无法画出有生命力的作品。甚至在伦理方面，行为如何高尚，如何行使正义都不能处处按抽象规范行事。因为在许多场合，不同情况间存在着差别微妙这一属性，使直接来自整个人格的择善就成为必要。在应用单纯的规范时，在行为中有时候会因为规范只能有一半适合而产生错误的后果，有时候又因为同当事人不可忽视的个性格格不入而导致无法贯彻始终以至半途而废。

康德认为行为只是通过纯粹理论性的抽象规范实现的，不带有情义倾向和情绪转变，这也是行为具有道德价值的条件。如此一说，康德也在一定程度上造成了道德的迂腐。席勒以《良心的犹豫》为题的警句诗就意在责备贤者。当人们讽刺地说“教条主义者”、“理论家”、“学者”等等的时候，尤其是就政治事件说，意思就是指迂夫子，也即是说虽在抽象中，却不能在具体中认识事物的人们。抽象之所以为抽象，就在于抽掉了细致的规定，而在实际上，要紧的正是这些东西。

最后，我要谈一谈抠字眼，这是一种俏皮话。俏皮话是强迫性地用一个概念来容纳两个具有差异性的客体，而抠字眼却是通过一种偶然的情境用一个客体来表达两个概念。这样就会造成概念和客体的错位，这种差异不是通过对事物本质的考察，而是因为偶然的命名造成的。俏皮话的统一性在概念，差异性在于概念的对象；要字眼的差别性却在概念，统一性在实物。要字眼和俏皮话的关系有一个近乎勉强的比喻，那就是说这种关系等于上面一个倒锥形的抛物线同下面一个锥形的抛物线的关系。

十四

于是，一方面有理性的认识方式，有知，有概念；另一方面则是感性的、数理的、直观中的直接认识和悟性的领会。通过上述两方面的考察，我们可以明白——“感”和“知”之间的联系与区别。关于感和笑我们在其中已经穿插说明，这也是我们在探讨这两种认识的特殊关系时不得不提及的。但下面我们将从这些研究中转头回来考察科学。

科学是和语言以及熟虑的行动共同组成人类专有的三大优势。对科学做一个总的考察是我们当前的主要目标。科学所触及到的问题包括一部分是科学的形式，一部分是其判断的根据，最后还有它内含的实质。我们已经知道，除了纯逻辑的基础，一切理性知识都来源于直观知识的抽象，这也是所有知识的来源。单个的抽象知识是科学这个整体的一部分，而所有的抽象知识结合在一起便成了科学。但是科学的获取方式由于单个的知识不同：单个抽象知识是只从直观表象上升到理性抽象的；而科学是从对一类事物的完整认识中获得的。并且科学采取的是从普遍到特殊的途径，从研究那些含义较大的概念入手，然后逐层递进，分析科学内部较小的含义，同时分析含义与含义之间的关系，一步一步做出更精确的规定，这样一来，科学就可以从内到外把握研究对象。因此，系统的形式乃是科学的一个本质的、特有的标志。

在各门科学中，命题的关系也不一样。例如，在某些科学中，命题的从属关系多一些，需要更多的判断；而在另外一些科学中，平行关系多一些，需要记忆力好一些。从形式方面来说，科学的完美性要求命题尽可能是从属关系而非平行关系。因此，科学的成就在于推动认识经由中介概念，然后经过逐次详细规定而对表象做出区分，从而从普遍下行到特殊。这也可以看出，科学的存在意义不是实现更高的确实性而是通过知识的形式使知识不断简易化。因此，认为认识的“科学性”的要求在于追求高度的确实性是不对的。“科学性”的要求并不在于确实性，而是在于认识所有从普遍到特殊并能逐级下行的系统形式。

从普遍可以衍伸至特殊，这是科学的与众不同之处，而这也导致了在科学中很多东西需要依靠证明才能被确立起来，才能作为事实存在。但事实上，并非所有的真理都可以证明，也并非所以已经证明了的都是真理，因为每一证明都需要一个未经证明的真理。因此，一个直接确立的真理比那些经由证明而确立的真理更有可信度。直观是唯一能够被直接确立的真理，它是一切真理的源泉，是一切科学的基础。在科学中占有源泉地位的是那些直接由直观取得的以及基于直观的那些判断，而并不是我们所认为的经过证明的判断以及判断的那些证明。

判断力的作用就是直接从直观确立这些判断的真理，是正确、准确地把直观表象变成一种抽象的意识。可以这样说，判断力是理性和知性中间的桥梁。只有当个人的判断力水平非常高的时候，才有能力推动科学的前进。至于从命题到命题,这是每个人都具有的能力,只要他的理性是健全的。与此相反,我们经过反省思维而把直观认识到的东西总结出来,用一个概念加以认定,这有两方面的作用:一方面使许多实在客体的共同点得以用一个概念来涵盖;另一方面,这些客体间有多少不同,便用多少概念来思维。于是,不同客体之间虽然有一部分相同的部分,但仍旧把客体独具的差别作为识别的标志,而且也用来思维,一切都按照预定的目的去考量,这一切都是判断力的作用。而缺乏判断力就被称之为头脑简单。头脑简单的人不是看不到概念中的差异,而是看不到相对的或局部的差异其实也有相同的部分。

此外,康德区分判断力为反省思维的概念有两种,这种区别的方法也可以放到这里来说明,亦即分别适用于从直观客体到概念,或者是反过来考察。在这两种场合,判断力总是在无形和直观认识之间。不可能存在绝对的只从推论中所产生的绝对真理,单从推论来确立真理肯定是相对的,甚至是主观的。既然一切证明都是推断式的推论,那么对于一个新的理论,首先不是想办法去证明他,而是应该找出他的依据,只有暂时找不出依据的时候,才能退而求其次再来证明。没有一种科学可以被彻底证明,就好像不能建立一座空中楼阁一样。科学的一切证明都是必须要还原事物的本来面目,也就是不能再被证明的事物。反省思维都是建立在这个直观世界之上的。最后,一切原始的依据都是一个在直观上自明的依据。

因此,这些事物可以是在经验中被观察的,也可能是直观存在的。在这两种情况下,所能提供的都是内在的知识。任何一个概念只在它和一个直观表象的关系中才会存在、才会有价值,不管他们之间的关系是直接的还是间接的。概念如此,由概念所形成的判断同样如此,一切科学都是如此。因此,每一条经推论而发现的、经证明而传达的真理,一定会有其他的方式可以认识他。

总有人会这样认为，有些科学完全是基于妥当的前提而推断出的结论，所以这些科学是不容置疑的。事实上，不管前提有多么正确，如果通过逻辑去推导，人们除了能够将前提所包含的已经现成的东西加以显豁和引出外，就不可能有其他的收获了。也就是说人们不过仅仅是明显外露地将前提中含蓄内在的已经理解的东西表现出来罢了。

刚才所谓的科学指的是树立科学，也包括天文学。天文学的正确性是这样出现：它以先验给予的而且断然不会出错的空间的直观为根据。因为所有的空间科学都是从直观中推导来的，从而一个从另一个推导而来，所以空间关系是可以相互印证的。在这些数理的规定之外，还有一种自然力在发生作用，那就是引力。

引力是通过准确地按质量和距离之间的关系而起作用的。引力也是要遵循因果律的，从而先验妥当的惯性定律，还要考虑到每一个客体的质量。这就是天文学的研究材料。这些材料非常简明直接，最终能够得出确定的结果。而由于对象的庞大和重要，因此也导致了结果充满区别。所以只要是涉及到几何学的理论，都是借助先验的直观，再应用一条自然律就可推论得出很好的结果。原来推论在此处其实就是两个直观体会的桥梁。而单是在逻辑途径上做单纯的推论，则不是这样。

天文学上最终的真理是归纳法。归纳法是将许多能够被直观观察到的东西归纳在一起，放到根据的判断之中，然后再从判断中引出假设，而这种假设又会在现实中被印证。这样，作为接近完全的归纳法，就会帮助天文学找到相对的真理。

能够创立假设是因为我们具有判断力，判断力正确地体会了现成的事实并且能够对事实加以表达。而归纳的作用，也就是用很多次的直观来证实一个假说。如果我们能够在宇宙中自由穿梭，或者我们的眼睛能够看穿宇宙中的一切，那么我们甚至于也能通过一次直观而找到真理。因为，即使是在天文学，推论方式也不是这种知识主要的唯一的来源，事实上推论也只是一个应急的权宜办法而已。

最后，还要说明的是，那些所谓形而上的真理，不是从证明中证实他的正确性的。那先验正确的知识都是我们在观察中得来的。观察是我们一切认识的基础，这是我们必然会意识到的东西。比如说物质是永恒存在的，就是我们在观察中所认识到的。对于空间和时间的纯粹直观，为我们提供了运动的可能；在因果律中我们所拥有的理性，又为我们提供了形状和物性变化的可能性。但是对于物质的生灭，由于它对于我们而言是自然现象，所以我们不能再想出其他的可能性。所谓形而上的真理其实是知识普遍形式的一种抽象表达，而能够证明这些真理的真正根据不存在于一些抽象命题中，而是在人们对于表象所具有的形式的直接意识中。

如果人们还要为此举出一个证明，那就只能是这样的证明：人们需要指出在任何已经被看作是真理的领域，其实也有等待被证明的东西的，或是真理的组成部分，或是真理的前提。比如说，我曾经说过一切直观的东西都必须受到因果律的约束，因此因果律是一切经验的条件，它并不是从经验中产生，也不是以经验为前提的。其实，与其说证明方法是给他们需要学习的人准备的，还不说是给那些准备争辩的人用的。这些人固执地否认那些有直接根据的见解。只有真理才能达到前后的一致，所以我们要给这些人指出他们在一种形态中间接承认的也就是他们在另一种形态中直接否认的，也就是指出他们之间的逻辑关系。

此外，科学的出现还滋生了一种错误的观察发誓，即许多命题的真实性其实要依赖于其他的命题，并通过一些推论，才有逻辑的根据。但是人们绝对不能忽略,这种方法只不过是将知识更直观,而不是取得更深度的、更准确性的关键。要知道,真理的真实性最终都要取决于一个直观的事实。因此,无论在哪里,从证明中得来的真理都远远比不上那些直观的真理。所以,我们在前面已经看到,在逻辑上,在每一个场合中,如果我们同时接触一个直接的知识和一个通过演绎而来的科学知识,事实上我们总是会选择前者,直接运用理性而不需要靠逻辑来指导。

十五

通过上面的观察,我们应该知道,直观是一切证据的最终归宿,是绝对真理产生的依据,虽然这种依据可能比较直接,也可能比较间接,但却是获得真理的最近途径和最可靠的途径。

反观数学,我们会发现数学和其他科学都不相同。在其他科学当中,我们总把一个逻辑还原成直观的体验;而数学正好相反,他总是将直观变化成为逻辑。在我认为,这是一种舍近求远的办法,因为这样一来,数学就成为了一种单纯的逻辑,离真理越来越远了。到目前为止,数学只是让人知道事物是怎样的,但对于事物为什么会呈现出这样的态势却没有说明,所以数学不能算是彻底的真理。例如欧几里德的几何学,他只是给出了三角形,并通过艰涩的证明为这些命题在逻辑上找到了认识根据,但是这些并没有让人认识到三角形的内在含义。这就是如同在向人介绍一个机器,只告诉对方机器的作用,而并不能将机器的内在结构告诉对方。欧几里德的几何学所证明的所有东西都是人们根据矛盾律而必须承认的，但是为什么这样，也没有再做进一步的说明。

因此，我们就算从头到尾地研读欧几里德的几何学，最多也只能多了解一些由空间关系的规律造成的结果，而不能真正地理解这些规律本身。不能否认，欧几里德的这种用以贯彻他这主张的方法在别的方面确实存在可取之处，但人们将他这种方法看作一切科学论述的基础，以至于认为所有其他科学都应该模仿，那就是纯属无稽之谈了。在我看来，欧几里德的方法只能算作一种很“伟大的”错误。但是，这种错误却大部分都能在哲学中找到规律。埃利亚学派最早在直观中的事物和思维中的事物之间出现了区别和冲突。这种发现在他们的哲学警句中、诡辩中曾经非常多的出现过。继埃利亚学派之后，麦加拉学派、辩证学派、智者学派、新学园派和怀疑论者都指出要非常注意假象才行，也就是感官的错误，或是知性的错误。

人们因为假象而对感性的直观有所怀疑，认为其并不是绝对可靠的，于是认为只有通过理性的、逻辑的思维才可能找到真理。其实柏拉图、麦加拉学派、皮浪和新学园派都曾经说过，这些推论和概念也并不是绝对可靠的，同样会导致错误，甚至会形成悖论，或是产生毫无意义的争辩，而且理性产生错误的概率也并不比感性直观低。

只不过那时唯理主义占据了主要的位置，欧几里德除了将公理建立在直观证明上，其他的一切理论都建立在推理上，所以在过去的时代里，欧几里德的几何方法一直占据着权威的地位。如果不是康德将直观和理论分开来，这种情况就会一直继续下去。康德指出关于空间和时间的直观不同于经验的直观，它不需要一切感官上的印象，是先验的，所以永远不会被感官所迷惑。这样一来，在数学上使用欧几里德式的逻辑方法就成为了画蛇添足，这就像让一个健康人去用拐杖走路，失去了其存在的价值一样。

现在可以确定的是，当我们直接观察一个几何图形时，它一定是通过我们意识中的先验认识的方式显现出来的。这样我们也就知道，在数学中所涉及到的“有这么回事”和“何以如此”其实是一回事，而不是被欧几里德割裂为两个不同的事物，这和物理领域的情况其实是不一样的。认为只有证明后的真理才是真理，比直观的真理更为可靠，或者认为逻辑的真理比形而上的真理更应该被人所信任，其实都是偏见，这些在上面的理论中也已经说过。只有消除这种偏见，我们才能摆脱数学对于真理的错误统治。因为直观的真理或形而上的真理是不证自明的，是最为根本的真理。充足根据律是最真实确切的而且不容辩驳的真理，它是一切表象和认识的基本理论。充足根据律是一切说明的依据，但是他自己并不能被说明，也不需要说明，但是其他的所有说明，都要经过他的论证，只有这样才有意思。

不论是作为存在的充足根据律、或是变化的充足根据律、或是行为的充足根据律、或是认识的充足根据律，不管他怎么出现，他们都是一样正确的，没有高下之分。在充足根据律的各个形态中，后果和关系都存在必然的联系，这个关系也就是“必然性”这个概念的最根本的源泉。如果已经有了依据，那就剩下结果就拥有了必然性。

没有一种根据与导致的结果之间不存在必然性。但如果能够直观地把握空间意义上的存在根据以及产生的结果二者之间的关系，这样的把握与逻辑一样是简单有效的。空间的关系原本就是可以获得直接认识的必然性，而像欧几里德那样，非要通过一条逻辑的证明从矛盾律来引申这种必然性，则完全是多余。当审问一个犯人的时候，警察总会给他记录下口供，这是为了根据前后口供之间的差异来判断是否说谎。但如果在审问时，警察能够在第一时间判断口供的真实性，那么就完全没有必要记录了。如果抛开每一句口供的真实性，单凭口供的前后一致来证明，这其实是一种舍近求远的事情，而欧几里德研究空间的方法就是如此。

让人觉得糟糕的是，这种方法在最后还摒弃了一些真正正确的研究方式，即不对根据进行真正的探求，探求事物的内部联系。取而代之的是，给那些初学者以事物本身就是如此的错误观点。事实上这种求证方法只用在几何学而不用在数学上。因为在数学中，人们用直观来阐明真理就完全够了，直观世界在数学中就是单纯的计数。这计数并不是别的，是一种直观的东西。

因此，算术和代数的全部内容不能作为几何学的那些证明的根据，最多只能算作简化计数的一种方法。和算术一样，在几何学中也可以有一些正确的办法，且不仅是正确的办法。其实几何学定理的正确性就是建立在这种条件之下的，而绝不是建立在矫揉造作的那些逻辑证明上的。即使完全没有逻辑证明也不会减少逻辑的自明性，因为几何学的自明之理压根就不需要什么的逻辑。逻辑的证明只不过是证明了人们已经从别的认识方式中完全确信了的东西，这就像一个胆小的士兵在别人已经杀死的敌人身上补了一枪，然后还大吹大擂一样，非常可笑。

直观是一切真理的基础和根据。而数学所依据的还有一个特殊的地方：这种直观是先验的。经验的直观是有层级的，而先验的直观则是在同一时间获得的；先验的直观是从原因认识结果，这就是分析的具体方法，而经验直观只能从后果推出原因，是归纳法，也就是从多数的后果指向一个原因，但前提是假设这原因是完全正确的。

一切感性的直观认识和一部分的经验认识最终都能得出这样的真理，因为从后果到原因的论断有时候是靠不住的，可能经常会出现假象，产生感性的迷惑。但一切经验的认识，包括所有的事因学，都是从后果推出原因，也就是说事因学都是假设的。虽然这些假设都曾经被多次验证，以至在实践上可以代替准确性，甚至会接近于数学的自明性，甚至误差的可能性小到了可以被忽略的程度，但这并不代表误差的可能性就消失了，它还是存在的。

科学所研究的对象是现象之间的关系。当两个现象属于一种东西，并被充足根据律的某一形态支配，能够指出他们这种关系的就是说明。任何一种说明，都会最终到一个不可能被证明的“为什么”，否则就可能还存在另一种关系。任何事因学都最终要回到这样的境地中去，因为事因学不能看穿事物的本质。所以在事因学领域有两种东西是根本不能说明的：一种是物自体；另一种是充足根据律本身，因为它是一切说明的原则，任何说明只有关涉到它才是真正有意义的。事因学的说明只能是相对存在的，每个说明都会存在一些假定的对象，而这些就会成为未说明的东西。例如在数学中的空间和时间，在力学、物理学、化学中的物质、物性、自然规律等等。

在科学中没有被说明的地方，是作为假定的依据存在的，这就是哲学所要考察的问题。也就说，科学不能到达的地方，正是哲学开始的地方。因此哲学不能从寻找整个世界的一个有效因或一个目的因出发，并且不能问世界的来由以及问为何有这个世界。因为这些根本不属于哲学范围，都是只存在现象领域的问题。我们会被许多自然现象所惊倒，是因为我们没有看到自然现象的内在本质。

自然规律是一种极度精密的东西，但是我们却无法真正理解。例如带有已酸化水分的某些金属，当多个交互相间而互相挨着时，把小小一片银箔放在这一串金属的两端之间，一定会燃烧起绿色的火焰，而这片银箔也就跟随一起消失了。自然变成了一种非常精密的条件转化，只要达成了这些条件，现象就产生了。这些对我们来说，非常神奇。

但是，当我们对哲学有了深入的认识后，就不会有这样的想法了。我们会认识到一种自然力都是意志客体化的一种表达形式；认识到意志本身是自由的，不受空间和实践的约束，因而杂多性既不属于意志，也不直接属于理念，而只属于理念的现象；认识到意志自行显示于其中的现象，决定它们的位置，规定这些现象必须进入的秩序。每一种普遍的自然力，其内在的本质都是客体化。每一个这样的概念，按照柏拉图的意思则被称之为一个永久的理念。而自然律就是理念与理念之间的联系。这形式就是时间、空间和因果性，而这三者之间也有内在的联系。理念通过时间和空间表现出无数现象，然后按照因果关系形成联系。

因果律的意义在于它规定了一些界限，使得自然力能在现象中得以体现。但原始的自然力是作为意志的直接客体化存在的，不服从充足根据律，所以也就不在这些形式当中。只有在这些形式中，每一种事因学的说明才有妥当性和意义。事因学的说明也因此不能触及自然的内在本质。对于现象，事因学除了能够指出现象出现的一些情况和规律之外，再没其他作用。每一个自然的原因都是一个偶然的原因，都只是提供一个机会。意志是一切事物自在的本身，他的客体化就是整个世界，也就是说现象的内在本质乃是意志自身。充足根据律因为不能适应这个本质，所以也是没有依据的。

世界上没有一个东西会直接对应着一个导致它根本存在的原因，而是只有一个它恰好存在的依据。我们已经在自然界发现了这一点，在人和动物的行为中，也是这样的结果。动机并不决定人的性格，而只是这些性格的体现，也就是决定行动。

十六

在我们对于理性，也就是人类独有的一种认识能力，以及由理性所带来的，人类的一些特殊行为做过考察之后，关于理性还有一点是我们要考量的，就是理性还可以指导人类的行为。康德的所谓实践理性有其实际存在的理论是我所不赞同的。康德把实践理性当作一切美德的基础和源泉，把它说成是一种绝对存在的东西。其实这种说法毫无根据，就理性的真正意义来说，理性只对行为产生作用，与实践无关。

我们在考察理性的时候，已经指出人类的理性是在概念中产生，从而也造成了人类行为与动物行为的不同。人和动物的区别，可以看作是有眼动物（有视觉功能的动物——编译者注）与无眼动物（没有视觉功能的动物——编译者注）的差别。无眼动物只能感受到身边的事物，而有眼动物则能观察的更远。同样，缺乏理性会把动物限制于由时间直接呈现出来的直观表象上，也就是限制到了客体的层面上。而人类则能借助抽象认识的能力来掌握整个发展过程，包括未来和过去，从而看生活的各个方面，并且远远的超越于现实。所以在一定程度上，眼睛在空间中的感性，也就是理性在时间上内在的认识。如同对象的可见性之所以有价值和意义一样，抽象认识的全部价值同样也永远只存在于它和直观认识的对应关系上。

因此一个普通人总认为自己能够直接了解的一些直观的东西，比仅是想得到的东西要更有价值，在他看来，经验的认识要比逻辑的认识可靠。但是有些人则相反，他们往往是说得多做得少。他们的经验来自于书本，所以往往会成为一些咬文嚼字的人。

一切平常的概念都是从直观认识的东西的无序中认识的，人们在数学中舍弃数学本来自有的证据而只允许逻辑的证据在数学的范围内有效，这就是颠倒想法的后果。还有人们在根本上把一切非抽象的认识一概放到感这个条件下，这样就会大大增加这些知识被认识的价值。

人类因为有了理性，所以超越了一切动物，就是说他能对生活有整体的认识。这种概览可以比作他一生整个过程的草图，就好像几何学的草图一样。所以人和动物的区别就如同是一个航海家和水手的区别。航海家借助地图、罗盘来准确地认识自己所行走的航道，而无知水手只能看见蓝天和大海。因此，人除了在现实中过着一种生活之外，还经常在虚幻中有另外一种生活。也就是说，人有时活在活生生的现实生活中，有时会活到抽象的生活中。在现实的生活中，人和动物一样，追求着自己生存的空间；在抽象的生活中，因其是现实生活的反映，所以人是以旁观者、观察者的身份参与其中的。

在这样退缩到反省的思维时，好比是一个演员在演出完之后，坐到了观众的位置，不管舞台上演出的是什么情节，即便是剧情要求把他杀死，他也会毫无反应，然后他会再次粉墨登场，继续自己的表演。这些就是人的两种生活状态。

实践理性，从这个词的意义上来说，它最完美的发展，就是因为他的理性至此达到了巅峰，也就是人禽之别在这最高峰上的显著表现，是在斯多噶派智者身上作为理性所表达出来的东西。也正是因为有实践，所以人才能在自己的生活中有所感悟和领会。原来斯多噶派的伦理学在根本上就不是道德上的说教，而是理性生活的指导，该学说的目标是通过心神的宁静而得到幸福。在这里，具有美德的行为只是手段而不是目的，夹杂在理性生活中出现。因此，斯多噶派的伦理学，从其全部本质和观点看，与其他道德说教是有根本不同的。

斯多噶派的伦理学说明，幸福只有在内心的和平与心神的恬静时才可能真正拥有，而这和平宁静只有通过美德才能实现，这正是“美德是最高的善”这句话的意义。但是，如果不计较目的而单纯的吹捧美德，以至于美德和本人的志趣冲突，两种旨趣且有着显著的矛盾，那么，就会产生前后不一致。

然而理性也并不能够解决所有问题，古希腊晚期的斯多噶学派就试图通过理性来指导生活，希望借此可以达到内心的永久宁静。然而斯多噶派这种方法并不具备可操作性，也就是说通过理性的运用来摆脱生活的苦恼是不可能的。生活总是充满悲苦，任何方法都无法彻底远离悲苦。

按我对斯多噶派伦理学的精神的理解，这种学问来自于人的特权，也就是人的理性，既然我们可能通过计划来减轻人生的痛苦，让生活更轻松，那么是否还能直接地，即单是由于认识就能让人永远远离痛苦呢？人们认为一个具有理性的生物即使能够通过理性进而掌握纵览无穷的事物与情况，却仍然要由于这短促、飘忽、无常的生命以及所能包罗的各个瞬间和各种事故，从而最终会因为欲求而陷入到无尽的痛苦当中，这是无法改变的现实。

因此，人生充满了痛苦，只有纠正了思想才可能远离这些痛苦，否则就只能以死远离了。人们已经看清楚，困苦、忧伤并不直接和必然的来自“无所有”，而是因为“欲有所有”而仍“不得有”才产生的，所以这“欲有所有”才使“无所有”成为痛苦产生的唯一条件。也就是说“导致痛苦的不是贫穷，而是贪欲”。

此外，我们在生活中可以知道，只有希望才能滋养愿望。因为让我们动心的，不是别的，正是我们的追求和现实之间的差别。是的，若没有这个差距，不用说绝对的，只要是相对的无从获致或无可避免，就一定不会扰乱我们的愿望。因此，这时候不管是早已附在我们个性中的诸恶，还是在我们的个性中已不容问津的诸善，因没有痛苦便对此一概漠不关心。由于人的这种特性，如果没有希望，那么愿望就毫无意义了，也就再不能产生痛苦。从上述这一切可得出如下的结论，即是说一切幸福都建立在我们可能要求的和实际获得的两者之间的比例关系上。并且，一切痛苦都是由于我们所要求的、所期待的和我们实际所得到的不成比例而产生的，而这种不成比例的关系又只有在人的认识中才能显现，并且当人们有了更高的解悟就能把它消除掉。

人们的生活应该适当地去认识世间事物的因果关系，因为，每当一个人由于某种原因而不知所措时，或者是由于不幸而备受打击的时候，他正是以此来表现他发现事物的本质并不是如意料所及，因此也表现出了他是谬误的俘虏，没有真正认识到人生的真谛，没有人知道无机的自然如何出于无心的偶合，有机的自然又如何出于意图相反，而寸步不离地在阻截着每一个人的意志。所以任何动人的欢愉之情都是谬误，都是妄念，因为没有一个已达成的意愿能够使人感到满足，长久不衰。同样任何财产、任何幸福都是偶然现象，变化无常，不知道什么时候就会消失。任何挫折感都是由于这种妄念的滋生而产生。痛苦和妄念都是源于错误的认识。所以欢愉和痛苦都会远离智者，没有什么事件能扰乱智者的平静。

第二篇

世界作为意志初论

十七

在第一篇中，我们只是从普遍的形式上对表象加以考查，并没有说明表象存在的必要，在这一篇里，我们将通过认识直观表象的内容、详细规定以及它真正存在的意义，继续挖掘表象的本质。

我们首先从哲学、数学和事因学这三方面来研究表象。哲学是其中最不稳定的一种考察方式，可以呈现出各种形象。但在直观表象真正存在的意义这一问题上，除了怀疑论者和唯心论者，各种哲学学派倒是基本达成了一个共识：客体是表象的基础，客体虽在全部的存在和本质上与表象不同，但是它们却又在一些片段上如此相似，犹如鸡蛋与鸡蛋彼此的相似一样。虽然有他们如此一致的说法，可却不能对我们有什么帮助，因为我们根本不知道如何把客体从表象中区别开来，而只发现彼此是同一事物而已。

但是，表象和客体是不会分离的，因为它们是同一事物，表象就是客体，客体也只有表象这一种表现形式。客体总是相对于主体来说的，主体是客体的前提，从而也必然是表象。客体是一切表象的普遍形式。另外，充分理由律是用来说明表象之间的规律，以及客体和表象的关系，它也只是表象的形式，而不是表象和非表象的关系。在表象和客体关系的问题上，怀疑论者和唯心论者的看法已经包含在他们有关外在世界实在性问题的看法之中，这在第一篇我们已经谈过。

如果我们想要在数学方面进一步寻求对表象的认识，那就只能谈到那些充塞着时间和空间的表象了，也就是说只能通过表象是数量这一范围来解释。在数学的世界里，表象表现为数量关系，这对于认识表象的数量和大小都很有帮助，并且数学往往也能给出极为精确的答案。但是这只局限于表象与表象之间在数量上的相互比较，因此，这对于我们想寻求表象的意义是没有多大用处的。

研究事因学就更复杂一些，它分成许多部门的领域，我们大致可以把它分为两个主要部门：形态学和事因学。前者是对外在形态的研究，考察不变的形式；后者是对变化的说明，考察在不断变化中的物质。形态学可以说是自然史的科学，以植物学和动物学为代表，通过把对象分类，从而区别它们、统一它们、对它们进行排列，进而找出规律，从而达到认识它们的目的。事因学则是以认识因果关系为主题的科学，它主要研究物质如何按规则从一种状态过渡到另一种状态，从一个变化如何引出另一个变化。像力学、化学、物理学和生理学这些学科都属于事因学。

可是，我们一味去相信这些科学的教导，是没有多大意义的，因为我们很快就会发现形态学和事因学，都不能够在我们追究的主要问题上作出答复。形态学不管如何分类归纳，最终我们也只是认识了事物的表象而已；事因学虽按因果法则表明了事物的多种变化，让我们学会推理，掌握事物会在什么场合出现，但这门学科知识往往需要从经验中获得。并且在这里对于表象的内在本质也没有作出任何说明，最终都还需归结于自然力量之上。

理所当然，为了继续探究表象的内在本质，就需要更深入地研究自然，但事因学却对此无能为力。它最多能够告诉我们自然力作用的条件，它发生作用的理由叫做自然律。除此之外，事因学不能再给我们提供更多的知识，关于自然力是什么、现象的内在本质是什么、这些事因学都是无法给出答案的。因为事因学里，我们甚至连石子落在地上的力或者一个物体借以撞走另一物体的力，从其本质来说都是十分陌生的。就算是最完美的事因学说明，最终也是将问题归结于一些不能解释的自然力上，最多指出这些力的作用规则。至于这些力的内在本质，那是事因学所不能到达的领域。

所以，对于这些现象，事因学并不能给出更多的解释，不能让我们超出现象之外来理解它。通过事因学，表象仍然是表象，我们还是不能理解它的意义。而因果联系说明的也只是表象之间的关系，同样不能让我们进一步认识这些现象本身。从这种意义上讲，事因学的说明就和大理石的横切面有些相似，这种横切面虽然会现出许多并列的纹理，但我们无法知道这些纹理是如何从大理石的内部达到这横切面的。

推动我们不断探求的，正是我们不能满足于知道有表象，我们还想知道那些表象的意义，我们要问这世界是否除了表象之外，就再没什么了。如果真是如此，那这世界从我们面前掠过，就和无实质的梦一样了，好比幽灵般的海市蜃楼，不值得我们一顾了。

因此，我们应该已经明白，从外面来找事物的本质是没有什么意义的，无论你如何探求，也什么都得不到。这就好像一个人围绕着王宫在外面走，却找不到入口一样，他只能向人描述一下宫墙的各面，然后将宫墙作为王宫的假想去描述。他们关于事物的本质只能得到一些作为比喻的形象名词以及一些空洞的自定义名称而已。

十八

如果这个探讨者除了是一个单纯的认识着的主体再不是什么了，那这好比是一个长有翅膀却没有身躯的天使，如果想要探求这个世界，或是发现这个世界作为认识主体的、纯粹表象的世界如何过渡到表象之外的东西，那可就绝对难以做到了。

然而，这个探讨者自己就扎根在这样一个世界里，在这个世界里他是作为个体的人存在的，尽管在他的认识中作为表象的整个世界以之为前提和支柱，但这种认识毕竟是以一个身体为媒介而获得的。对于身体的感受，其实就是悟性在直观这世界时的出发点，而对于单是认识着的主体来说，这个身体也是表象之一，它无异于其他表象，也是客体中的一个。但是，人是有意志的，他的这种意志的真实存在让一切都变得不一样，它给了主体理解自己这些现象的钥匙，并且揭示和指出了这些现象的本质、作为和行动的意义以及自身内在动力。

认识的主体由于它和身体的同一性而表现为个体，所以这身体对于它是以两种方式而存在的：一种是悟性中的直观表象，它作为客体中的一个，遵循这些客体的规律。另一种则完全不同，即每个人直接认识到的，也就是意志这个词所指的内容。意志的每一个动作都会从身体动作中表现出来。意志活动和身体的活动不是由因果关系联系起来的不同事物，它们其实是同一种东西，只不过意志活动的表现形式更为直接，而身体的活动则是在直观中由知性来把握的。也可以说，身体的活动只是意志活动的客体化。

因此，在某种意义上，我们也可以这样说，意志是认识身体的先验认识，而身体是认识意志的后验认识。指向将来的意志决断只是理性对于人们行将欲求的东西所作的思考，而不是本来意义的意志活动。只有真正实施了才能在决断上盖上印记，在此以前，决断只存在于理性和抽象中，是可变的预定。也就是说，只有在反省思维中，欲求和行为才是不同的，而在现实中二者其实是一回事。

每个意志活动都立即产生出直接的身体的活动。与此相应，对身体的每一作用的直接表现就是对意志的作用。这种作用如果和意志产生冲突，就产生了痛苦；如果行为符合意志的要求，则会产生快乐。因此，所谓苦乐是意志的直接感受，并不是一种表象。只有施于身体的某些少数印象可以被当做表象，其中包括视觉、听觉、触觉等纯粹客观的感性官能的感受，这些印象不触动意志，身体也只是由于这些印象才成为认识的直接客体；因为身体作为悟性中的直观就已经是和其他客体一样，是间接客体了。也只有在这时，那些感受才是对于这些器官提高了的、专门化了的感觉力最微弱的刺激，其微弱的程度不足影响意志，不为意志的触动所干扰，其仅仅是给悟性提供了资料，直观也就是从这些资料中产生的。

最后，我对于自己的意志的认识，虽然是直接的，但却是和我对于自己身体的认识分不开的。身体是我们认识意志的条件，我们不是作为统一体在本质上完整地认识它，而是通过个别的活动去认识它，也就是在时间中认识它，可时间又是身体这个现象的形式，也是任何客体的形式，因此身体乃是认识自己意志的条件。因此，可以说，没有身体，便不能想象这个意志。

十九

在前面，我们提到过，自己的身体既是客体，也是主体的表象，对于这种观点，很多人难免会存有疑问。可是现在我们明白，在每个人的意识中，都存在一个东西，能够把自己身体的表象与其他在别的方面与之相同的一切表象区别开来。这东西也存在于身体上，尽管在种类上有所不同，但它仍旧出现在人的意识中，这个东西就是人们所说的意志。

正是因为我们对于身体拥有双重认识，才使我们更全面地了解自己的身体，以及身体随动机而产生的作用与运动、身体对外部作用所受的影响。一句话，意志是我们理解身体和在动机支配下的身体活动，以及身体在外来作用下所受的影响的关键。也就是说，当身体不作为表象的时候，意志便成为了我们了解身体的主要因素。对于一切其他客体的本质、作用和所受的影响我们可以直接理解，但对于我们的身体则不同。

正在认识中的主体不仅把身体作为表象意识，而且还用意识去考量意识，这一点在和认识其他表象时完全不同，意识在考察那些非身体的认识对象时，仅仅是将其视作为表象。二者之间的差异可以通过两个方面的假设来进行说明。第一，假定这是由对它的认识方式造成的，认为只是由于它可能同时具有两种不同的理解方式。这是用不同于其他客体的认识方式来概括这个现象，而不是用这个客体本身不同于其他客体来进行解释。第二，假如身体与其他客体不同，在一切客体中，只有身体同时具有意志和表象两种属性，是世界上唯一真实的个体，其他客体不过是人的幻想。但这种假设其实是个体否认其他客体也和自己的身体一样，是自己意识的映射，这种假设在理论上被称为自我主义。这种自我主义把自己个体以外所有的东西都看作虚幻，认为自己是真实存在的，而把其余一切包括人都当作幻象对待。理论的自我主义虽然是难以辩驳的，但它在现实生活中却完全不成立。

既然这样，我们就没有必要再在理论的自我主义上纠缠下去了，而只把它看作永远要争论的怀疑论的最后一个堡垒就可以了。

我们的认识永远被束缚在个体上，因此产生了局限性。事实上，正是这局限性才产生了我们对于哲学的需要。如果我们认为每个人只能是“一”，同时每个“一”都能认识其他一切，那么，我们正为此而努力以哲学来扩大我们的知识领域，就会把先前和我们对立的，理论主义上的那个怀疑论点当作一个小小的边防堡垒看待，尽管这个堡垒似乎永远不可能被攻破，但是也不会给我们带来任何负面影响，所以人们大可以放心绕过去继续前行。

如此一来，我们就获得了对自己身体的本质和作用的双重认识，这种认识是通过两种完全不同的意识达成的，并且可以用来探究自然中任何一个现象的本质。即便这些客体只是单纯的表象，我们也要将其看作与我们的身体相类似的客体来进行认识，要假定这些客体一方面和我们的身体一样，都是表象，另一方面，从本质上讲，这些客体和我们也是一样的，都是意志。

因此，如果说物体世界除了只是我们的表象以外，还应是别的东西，那么我们就必须说，它除了是表象之外，就是它自在的本身，在它最内在的本质上，即我们在自己身上直接表现为意志的东西。

而要理解“它最内在的本质”的含义，我们还需要进一步了解自己的意识，只有这样我们才能知道如何区别意识。例如和“认识”相伴而生的，以认识为条件而被动机所决定的这种情况就属于这类东西。我们在后文中就会清楚地看到这些东西并不属于意志的本质，而只是属于意志作为动物或人的那些明显的现象。

因此，如果我说促使石子降落到地面上的力，就其本质说，在这一切表象之外，也是意志，那么人们可能就不会对这句话有这样荒诞的想法了。因为这石子是按照一个认识了的动机而运动的，在人身上的意志也是这样显现的。所以从现在起，我们就要更详尽地、更明晰地证实此前初步的、一般的阐述过的东西，并指出其根据的同时加以充分的发挥。

二十

意志作为人的身体的本质，在身体“可见”的运动中把它自己本身透露出来。这“可见性”因认识而成为表象，于是将其与意识分别开来。而事实上，这“可见性”和意志活动本身是同时发起的，和意志活动是同一回事。只是由于这“可见性”转入了“认识”的形式，即成为表象，所以才和意志活动有区别。

可是，意志活动永远有一个自身以外的根据，那就是在动机中的根据。但是，人的欲求并不是在其全部本质上都可以通过动机来说明，动机只是在时间的某一点上促动了欲求，促成我的意志把它自己表现出来的一个契机。意志本身则相反,它是在动机律的范围以外的,只有它在时间的任何一点上的显现才必然是动机律所规定的。唯有在假定我的验知性格之后,动机才是说明我们行为的一个充分根据。如果把我的性格撇开,然后来问我为什么要这个而不要那个,那就不可能有一个答复,因为服从根据律的只是意志的现象,而不是意志本身;从这种意义上来说,意志算是无根据的。

如果离开性格的范畴去寻求动机的本质是不现实的,因为只有意志的现象服从充足根据律, 而意志自身在一定意义上可以看作是毫无规律的。行为以动机为根据的事实就是一个现象以另一现象为根据的事实,而不代表行为是以意志为根据的。因为意志并非在充足根据律的范围之内,也不会成为任何一种行为的动机。

既然身体的每个活动都是意志活动的现象,那么就可以说身体的每个活动必不可少的条件和前提就是意志的显现。而且这个条件是必然的,绝非偶然的。身体活动在本质上只是无根据的意志的现象,这是一个哲学真理。

生理学对身体机能的说明也同样无损于这一哲学的真理,也就是说这身体全部的实际存在以及其整个系统的机能,都只是意志的客体化,而这意志却是在身体的外在活动中按动机的尺度显现出来的。生理学虽然总是试图把身体活动归结到有机体产生的原因当中,比如以液体的活动来研究肌肉的活动,这是事因学的本职,可即便能够真正彻底地做出这种说明,也决不会动摇这一哲学真理, 每个有意的运动都是一个意志活动的现象,这一点是不容置疑的。

同样,生理学对于繁殖生长的生命的说明,不管如何发展,也不会动摇动物生命本身就是意志的现象这一真理。如上所述,任何事因学的说明对于任何现象的内在本质都是无法探究的,事因学的说明最终只有假定这种本质是“力”、“自然律”，这就是科学真理和哲学真理的区别。

所以，假如性格是固定的话，那任何一个行为，都必然会随着动机而发起。尽管动物的成长、营养过程和动物自体内的全部变化都按自然规律进行，然而这一切同样都只是意志的现象，是意志的客体化。这也就是人和动物的身体之所以和人与动物的意志完全相适应的理由，也正和制造出的工具必然与制造者的意志相适应一样，这种相适应也就表现为直接的目的性。

因此，身体的各部分必然完全和意志所宣泄的各种欲望相契合，它必须是欲望的可见的表现：牙齿、食道、肠的输送是客体化了的饥饿，生殖器就是客体化了的性欲。无论是普遍还是个别，身体都与意志一一契合，每个身体都有与之相对应的意志。因此，人的身体，无论是就全体而言还是就所有各个部分来说，都有个别的特征，都富有独特的魅力。

二十一

由于我们现在只能在抽象中考察一切，所以我们明晰地、妥当地获得了每个人在具体中直接具备的认识，从而认识到，自己这个现象的本质就是他自己的意志，而他自己的现象既是由于他的行为，又是由于他的身体，作为表象，而对他展示出来的。同时我们也可以推测出，表现在身体上的一切行为的本质都是意志，认识到意志是构成意识中最直接的东西，但作为这种最直接的东西，它并没有完全进入表象的形式，在表象的形式中，客体与主体是相互对峙的，存在于一种直接的方式中。

用这个方式，我们只能通过个别活动来认识事物。而通过对个别活动的认识，我们也可以获得事物内在的规律，进而把这些认识转用到所有的现象上，寻求到所有现象最内在的本质。

虽然这些现象各不相同，但是他们的内在本质都是一样的，也就是说它们的意志是一样的。例如动物和植物茁壮成长的力、形成结晶体的力、使磁针指向北极的力，以及把石子向地球吸引、把地球向太阳吸引的力等，都具有相同的意志。我们只要运用自己的反省思维，就能不再停留于现象，而透过现象看到事物的本质，也就是一切行为的意识。

意志和现象二者有着本质上的区别。现象就是表象，而所有的表象也就是客体，都是现象；只有意志才是物自体。盲目起作用的自然力以及人类深思熟虑之后的行为二者虽然大不相同，但都是意志的显现。现象不同，只是就显现的清晰程度而言的，但它们在本质上还是一样的——意志的显现和客体化。

因此，意志是一切表象、客体、可见性和客体性的本质，不仅针对个别事物，而且也是整体的最内在的东西，是其重要的内核。它显现于每一盲目起作用的自然力之中，也显现于人类经过考虑的行动之中。

二十二

这个物自体(我们将保留康德这一术语作为一个固定的公式),不是客体,因为我们之所以把客体称作为客体,是因为客体仅是一种现象而非本质,物自体明显不符合这一结论。

但是,如果我们要考察物自体,必须先将他作为客体,作为客观上的已知,也就是将自己作为一个现象从而作为名称和概念。虽然意志这个概念的范围十分广泛,但为了便于理解,我们选取了最为鲜明、最为完善和最发达的人的意志来进行说明。但并不是说只有人才具有意志,事实上,自然界任何一种力在本质上都和意志是一样的。意志这个概念不能仅仅理解为人的意志,否则就会产生种种误解。

我们采取人的意志作为考察对象,这时候很多人会说我们在这里采用了从优命名法,由此,意志这个概念就获得了比它以前更为广泛的概念。在不同的现象中认出同一的东西,在相似的现象中认出差别,如柏拉图屡次说的那样,这就正是搞哲学的条件。可是直到现在,人们还没认识到自然界中任何一种挣扎着的、起作用的力和意志的同一性,把它们全看作不同属、不同类的东西,其实那些复杂的现象只不过是一个属的不同种而已。

由于没有一个恰如其分的字眼来概括这个属的概念,因此,我就按最优先的种来称呼这个属,通过对于这个种的直接的、近在眼前的认识,我们就可以去认识最普遍的种。但是对于意志这概念,这里要求把这一概念扩大,如果不能做到这一点,仍然把意志理解为只是用这一词来表示的一个种,理解为由认识指导并且根据动机,甚至是只根据抽象动机,也就是在理性的指导之下而自行表现出的意志,那么,他就会自行陷入无止境的误解中。这种意志,如上述所说,只是意志最鲜明的一个现象而已。这里值得注意的是对意志的认识方向的问题。众所周知,意志本身是我们直接认识的、最熟悉的东西,我们知道并懂得意志是什么,对于它的了解要远远超过其他任何东西。

但是,过去的人们总是把意志这概念归结到力上面,我则恰好反其道而行之,把自然界中每一种力设想为意志。这一假设具有重大意义,它改变了对于意志的认识方向。先前,从其他概念来认识意志,是把熟悉的、直接认识的东西还原为不熟悉的东西,剥夺我们的直接认识,让它消失在一个抽象概念中。现在,我把其他概念都归结为意志,则是把不太熟悉的还原为熟悉的,还原为真正直接、完全的已知,这样就能无限扩大我们的认识。因为意志这概念是唯一的一个不在现象中、不在单纯直观表象中但有其根源的概念,它来自内心,出自每人最直接的意识。

二十三

意志作为自在之物是完全不同于它的现象的,完全不具现象的一切形式。只有在意志表现为现象时,它才进入这些形式,所以形式只和它的客体性有关,对于它自己本身则是没有什么关系的。

时间与空间的存在，使得意志呈现出的现象近乎无穷，但意志本身却独立于一切杂多性之外，他本身是一个“一”。但是这个“一”与我们形容客体时的那个“一”是完全不同的。客体的“一”是客体的单位，只是为了区别杂多性，从杂多性的抽象中产生的。而意志的“一”还不同于一个概念的“一”，那只是从杂多性的抽象产生的，它是在时间、空间、个体化原理以外的，即多的可能性之外的“一”。

在人的意志中，当自己表现得最为明确也最无根据的时候，人们会说意志是自由的、独立的。但是事实上，此时人们已经走入了误区。没错，意志是自由的，但意志所表现出的形式却恰恰是不自由的，因为没有一个行为是完全自由。事实上，意志的现象必须服从必然性，任何行为都有其必然性。充足根据律是一切现象的普遍形式，行为作为现象，也同样不可避免地要遵循充足根据律。意志是物自体，但具体的人并不是作为物自体的意志，而已经是意志的现象了。作为现象就必须遵循充足根据律，因而不再自由。

所以这会造成一个使人类觉得很奇怪的现象，每个人都以为自己自由，而且有时候在某些行动中，也确实相对自由，但是就整个生命体验而言，人会惊异地发现自己并不自由，还要服从必然性。由此可见，意志本身虽然是无根据的，存在于因果律的范围之外，但它的现象作为现象自身，不仅要服从必然规律，还要服从充足根据律。

以前，有人只把那些由动机引发的行为看作是意识，所以只承认人类和动物有意志。动物的某些行为，是符合一定规律的，我们可以确定这时它是在受意识的支配。但是有些时候，动物的某些行为毫无根据，此时也同样有意志的活动存在，但却是盲目的。才一岁的鸟儿并没有蛋的表象，可是它却为那些蛋而筑巢；年幼的蜘蛛没有俘获品的表象，可是它也为这些俘获品而结网。在这些动物如此这般的行为中，当然有意志的活动，这是十分明显的，只是这种行动虽有认识相伴随，但不是由认识指导的。如果我们由此知道表象和动机并非意志活动必要的、本质的条件，那么我们就能从别处找到意识的存在，并找到意志活动。例如蜗牛背负着的“住宅”，就不能归之为一个与蜗牛不相干的意志，而会认为这同样是把自己客体化的意志的产物。

对于我们人类，意志是按照动机而出现的，对于蜗牛，意志则显得盲目，仅仅作为盲目的营造冲动而起作用。其实，对于我们人类来说，意志在很多方面也是盲目地在起作用，我们身体中的，没有认识指导的一切机能中，在成长的过程中都是如此，例如消化作用、血液循环、分泌、成长及再生作用等等。它们不仅仅是身体的活动，也是意志的现象，都是客体化了的意志。

因此，身体里进行的一切，都必然是在意识的作用下产生的，虽然这里意志不是由认识指导的，也不是按动机来决定的，只是盲目地起作用，也可以说是按原因起作用，我们通常会把这种场合的原因叫做刺激。

原因可以分为两类，一类是物质的某一个状态。通常，一个状态会引起另一个相应的状态，它自己也经受同样大的一个变化，这就是“作用与反作用相等”定律的含义。再进一步说，后果和原因二者的增长成正比，并且反作用也是一样。所以一旦明确了一个作用的方式，那么后果的强度就可以用意识的强度预知出来，相反亦然。这种原因是在力学、化学等一切现象中起作用的。简言之，就是在无机体的一切变化中起作用的。

而另一类原因就是刺激，这种原因和后果之间没有相应的比例关系，也没有与其作用相关的反作用。所以这种原因引起的后果无法从原因的角度去预测，原因极小量的加强都可能极大地改变刺激后果。需要特别指出的是，有机体的所有一切作用都属于第二类原因，而不是单纯的第一类原因的作用。

但刺激和任何原因一样，除了决定力的作用进入时间空间时的那一瞬、那一点之外，就再无任何决定力了，更不决定力的内在本质。而这种内在本质，我称之为意志，所以我们把身体内有意识的和无意识的变化都归之于意志。刺激则位于动机和最狭义的原因二者之间。有时刺激会更接近于动机，有时则更接近于原因。

对于植物而言，他们行动的所有原因都是因刺激而产生，作为表象的植物，其单纯的生长，以及由盲目的冲动力而显现出的表象，我们也将这些表象的本质看作意志。但是植物的意志缺少动机，这也就构成了动物和植物之间的本质区别。

同样的原理，我们可以用这种方法考察一切力。虽然这些力是所有现象中最难以琢磨的，它们完全没有器官，不会因外界的刺激而发生反应，它们遵循不变的规律。这些力我们摸不着，看不到，看似和意志毫不相干，但如果我们将研究的眼光投向这些力产生的现象上，正如我们看到水以强大的不可阻拦的冲力流入深渊、磁针总是固执地指向北极、电的两极总是激烈地要求再结合等等一样，那我们的考察就轻松多了，也就能立即明白自然界的这一切和我们人类、动植物一样，有着共同的东西——意志。

意志相同，但在无机的自然现象和人类所呈现出来的现象之间，表面上似乎完全不同。两种现象的差别如此之大主要是因为，一种有完全固定的规律性，另一种在表面上是无规则的任意活动。人类在所呈现的现象中，个性所起的作用极为显著，每个人都有自己独特的性格，所以同一动机不能对所有人产生同等的力量，因而造成表面上看来人的行为好像是无规则的任意活动。

但自然力的现象却是按照普遍规律起作用的，没有例外，没有个性。为了能把这一点解释得更清楚，为了指出意志在一切不同现象中的同一性，我们首先必须考察作为物自体的意志对于现象的作用，也就是作为意志的世界与作为表象的世界二者之间的关系。

二十四

通过跟康德学习，我们已经知道时间、空间、因果性，在我们的意识中都是已有的，都是先验的，是独立于客体的，客体通过这些形式，形成表象。

但是，如果我们说显现不同表象的客体不是空洞的幻象，而给它赋予一个意义，那么，这些客体就必须有所指，必须是某种东西的表出，而这种东西仅是对主体才有的东西，也就是说，它已不是表象，而必须是一个物自体。

因此，人们可能会发问：那些表象，那些客体，除了是表象和客体之外，还具有其他属性吗？它完全不同于表象的那一面是什么呢？物自体是什么呢？其实答案就是意志。

通过康德我们知道时间、空间和因果性不是物自体的规定，而是物自体成为表象之后附加于它的，也就是说这些东西只隶属于现象而不隶属于物自体本身。因为主体既然不需要一切客体，从其自身就完全认识到时间、空间和因果性，并且能使它们成立，那么这些东西必须是表象成为表象的条件，而不是物自体本身的属性。这些东西也必然是随同主体客体的单纯对立而出现的。

所以凡是在现象中，客体中的东西都不属于那显现着的，使之能够进入表象形式的东西，而只是附在自己这形式上的。在纯粹数学和纯粹先验的事因学中，我们掌握了时间、空间和因果律，通过这些东西我们可以很好的预测一些事情，但是这对理解事物毫无帮助。因为物自体并不在这个范围之内，跟时间、空间和因果律毫不相干。在这些科学中，永远不会研究意识这个虚无缥缈的东西，这些科学本身的局限让人的认识无法延伸。所以说，事因学绝不能深入到各个物体的内在本质，他们总会在一个地方停留，并且对于他们来说，不能获得前进动力的研究毫无意义，只能用自然力、自然律之类来称呼这些东西。

这正是物自体。它自身和现象截然不同，虽然它的现象完全遵循理由律，它自身却决不能还原为这些形式，从而也不能在事因学上获得最终的说明，因而没有追根溯源的可能。在它是现象时，我们可以理解它，但是对于它内在本质的认识，任何理解都毫无作用。因此，一种认识越是带有必然性，越是没有纯粹客观的内容，或者说其中越没有真正存在的实在性。

其实，在整个历史的进程中，每个时代的事因学都会产生一些错误，他们企图把一切有机体转化成化学或光和电的作用；再把一切化学作用还原为力学作用；再把力学作用一部分还原为运动的对象，一部分还原为几何学的对象；最终几何学又被还原为算术。在唯物主义的认识里，不仅否认生命的意义，还要用物理、化学的一些定律来解释生命现象，并给予这些物理化学的力自认为合理的解释，它们是从物质的、位置的、原子的形态和运动的机械作用中产生的。整个过程就是要把自然界的一切力还原为作用与反作用，并认为这就是它的“物自体”。

如果事因学的这种说法可以行得通，那么，一切都可以用公式计算，很明显这种想法消解了现象的所有内容，只留下一个空洞的形式。实际上，这样的说法是行不通的，通过这种方式，人们只能构建一个幻想、诡辩、空中楼阁式的理论世界，而非科学。当然，把自然中许多复杂的现象还原为个别原始的力，也是一种成功。而每次的成功，也只是一次真正的认识上的进步。在不断的发现中，人们会逐渐形成不同的力是由同一个力演变而来，由此而减少了这些力的数目的认识，事因学也确实达到了这样的目标。

在这个世界中，任何事物的任何个别作用虽然都可找出一个原因，由此得出它恰好在此时、在此地起作用的结果，但是这却无法最终解释它为什么在此时、此地产生作用。

我认为，这个无法解释的东西正是意志，而且，每一个不可追根溯源得到的东西，本身就是一种意志。

人们对于世界总会产生这样的错觉，认为那些最平常、最普遍和最简单的现象，是我们最容易了解的现象。但事实上，这只不过是因为那些现象是我们最常见的，我们对于这些现象虽然无知，但是早就习惯了它的存在，没有了去仔细探寻它的好奇心。

事实上，一颗石子往地下掉和一个动物的运动都是无法解释的。人们原先以为从最普遍的自然力出发，就可能去解释那些不常出现、只是在适合的情况下起作用的力，然后又去用这些结果，甚至要用这些力来理解人的认识和意欲。人们总是安于从许多隐秘属性出发去解释人类最熟知的属性，而不是首先弄明白这些最熟悉的属性本身。这种做法在前面已经说过，它是不会成功的。

撇开这些不说，那些说明或者解释到最后都会还原为一个未知数，而这个未知数跟出发时的第一个疑问没有什么两样，整个研究也毫无用处。人们对于那些最终还原的自然力的内在本质的理解并不比对一个动物的内在本质的理解多多少，它们也都是没有经过探讨的，是假设出来的。

其实，这两种本质都是不可深究的，都是不能还原为现象的形式的，也都不能用充足根据律来解释。要知道我们研究的目的不在事因学而是在哲学中，也就是说我们寻求的不是对世界的相对认识而是对世界的绝对认识，所以我们走的是一条方向相反的路——从直接的、认识得最完整的、绝对熟悉的、最接近的东西出发，以求了解那离我们较远的、片面地、间接地知道的东西。

二十五

我们知道杂多性必须以时间和空间为条件，并且只有在时间和空间中才能够思维，在这种意义下，我们把时间和空间称为个体化原理。

在前面我们已把时间和空间认作根据律的形态，而我们所有的先验知识也都是在这条定律中表现出来的。这些形态，其实只是我们认识的形式而不是物自体的属性。物自体是独立于这些认识的一切形式之外的，并且也独立于“是主体的客体”这个最普遍的形式之外，也就是说物自体是和表象完全不同的事物。我们现在知道，这个物自体就是意志，这我已经充分证明了。

事物在空间和时间的杂多性全部是意志的客体性，因此，杂多性不影响意志，意志也不影响杂多性。因此杂多性是直接由时间和空间来决定的，而意志是绝不进入时间空间的。例如我们不能说人的意志比石头的意志大，因为大小是在空间中才成立的，而意志不在空间之中，所以不能加之于意志之上。大小、多少都是针对可见性和客体化而言的，就这一点来说，意志的可见性和客体化程度在动物里最高，植物次之，无机物最低。

的确如此，意志已出现于可见性，并且它的客体化有无穷等级，犹如最微弱的晨曦与最强烈的日光之间，最高声音和最微弱的尾声之间的无限级别一样。我们在之后的章节还会继续探讨可见性的这种级别，这是属于意志的客体化，属于它本质的写照。

意志客体化的级别和意志本身无直接关系，在这些级别上，现象的杂多性也与意志无关。意志作为根基，会呈现于一棵或千百万棵各不相同的树，每棵树都是同样完整、同样真切的存在。而树的数量、树在空间和时间中的繁殖对于意志本身是毫无意义的。

因此人们或许可以主张，假如是一个独立的生物，哪怕是最微不足道的生命体，如果被完全消灭，世界也会因此灰飞烟灭。在对这个思想有了领悟之后，伟大的神秘主义者安琪路斯·席勒治乌斯说："我知道，没有我，上帝一会儿也不会存在，我若化为乌有，他也必然要丢掉精神。"

人们曾经以各种方式去努力地考察这无穷大的世界，也取得了鼓舞人心的考察缘由，譬如什么是地球，什么是人类的渺小，然后又反过来说这渺小的人其实具有伟大的精神，能够发现、理解、甚至测量宇宙之大等等。可以说，人们对现象的考察还是取得了非常多的成就的，这一点是毋庸置疑的，但这些并不能增长人的智慧，充其量只是开拓了人们的视野。

在我看来，在考察宇宙的无穷大时，最重要的是本质自身，不管它可能是什么，它真正的自己都不会这样展开于无边的空间，这样就分散了。这无限的广阔完全只属于它的现象，它自己则相反，在自然界每一事物中，在每一生命体中，都是完整的、不可分的。

当然，即便是人们只着眼任何一个个别的物体或者生命体，人们并不会损失什么，并且即便人们测量了这无边无际的宇宙，或是更直接些，亲自飞过了无尽的空间，也还是不能获得什么真正的智慧。因为真正的智慧是关于世界本质的，而这本质在无穷小的个体身上和在无穷大的宇宙中并没有区别。不管现象如何，真正的智慧是能够针对任何一个个别事物进行彻底研究，并能够完全认识和理解这一事物的真正的、原有的本质。

下面我们来谈的内容，可能是每个柏拉图的信徒都很熟悉的，即关于意志客体化的问题。如果我们要给意志假设一个恒定不变的标准模式，或者说永久形式，那么这在时间和空间中是不存在的，它在时空之外，永久存在且常驻不变。而作为意志客体化的个体，则是有生有灭，变动不定。这样一来，意志就等同于柏拉图所说的理念。

在这里提到这一点，是为了方便以后在这个意义上使用理念这个词。但是，我在用这个词时，总是会用它最原始的、最地道的、柏拉图曾赋予过的意义来体会，而绝不会想到以经院派的方式来进行的独断的理性的那些抽象产物上去。

因此，我对理念的体会是，理念就是意志的客体化每一固定不变的级别，只要意志是物自体，不与杂多性相关的话。而这些级别对个别事物的关系就等于级别是事物的永恒形式或标准模式。

二十六

意志客体化的最低级别应该表现为最普遍的自然力。这种自然力，有些显现于每一种物质中，如重量或者不可透入性；有些分属于现有的一切物质，有些管这一种物质，有些管那一种物质，因此而成为个别特殊的物质，如固体性、液体性、电气、磁力、化学属性和各种物性。这些都是意志的直接表出，它们自身既不能叫作后果，也不能叫做原因，而是一切比原因后果先行的，作为前提的条件。它们自己的本质就是通过这些原因后果而展现出来的。

因此，如果非要问重力的原因或者电气的原因，那是没有什么意义的。它们都是原始的力，它们的表出虽然按因和果而进行，乃至它们的个别现象都有一个原因，而这原因又是这样的一个个别现象，决定着该力的表出必须在时间和空间中发生，但该力本身却不是一个原因的后果，也不是一个后果的原因。

这样一来，我们就可以说物理学中"石子所以下落，重力是其原因"是错误的，应该说，石子下落是因为它在地球的范围之内，是地球在吸引着石子。如果没有地球，尽管重力依然存在，石子也不会落下。力本身完全在因果链之外，因果链以时间为前提，只能就时间而言才有意义，而力本身却是在时间之外的。个别变化总以一个同类的个别变化为原因，但不是某种自然力的原因。因为自然力是最本源的，是完全在因果链之外，也是完全在充足根据律范围以外的事物。在哲学上它被当作意志的直接客体，是自然存在的东西；在事因学上它被称为原始的力，也就是本身没有任何原因的“熟悉属性”。

在意志的客体性较高的级别里，会有显著的个性出现，尤其是在人身上，这种个性会表现出个别性格的巨大差别，每个人都拥有完整的、独立的、个性化的人格。而动物的个性差别在程度上远不如人，只有最高等的动物才有点踪迹可寻，在动物中还是“种性”占绝对的统治地位，所以个别的相貌也就不显著了。越是下等动物，个性的痕迹越是淹没于种属的一般个性中，这些种属因此只有单一的相貌。在动物身上还是种类差别占绝对的统治地位，个体的貌相差别并不明显。那些低等动物，同一种属的相貌几乎相同。在动物的种属中，当人们知道了一个种族的生理特征之后，就能对每一个个体的行为事先做出较为精确的判断，个体差异基本可以忽略。而在人这个物种中，个体差异必须得考虑进去，每一个个体都必须个别地研究、个别地探讨，不能通过整个人类的一般属性来对个体行为进行预先判断。

所以把每一个人都要看成是拥有特殊规定的、具有特征的意志现象，在一定程度上甚至要把每一个人都看成是一个特殊的理念。而动物基本上都缺乏这种个性特征，只有物种还留有一种特殊意义。在世界上，与人类的距离越远的级别，个性特征的痕迹越不明显。

在无机的自然界，没有任何个性，也绝对找不到任何一个具有个别特征的个体。无机自然界只受自然力的制约，这些不同自然力的客体化仅仅表现出了不同的种，所以无机世界的差异显现的是不同自然力之间的区别，而不是本身差别。每一级别的种属都毫无差别地表现在每一个别现象上，尽管个体差别不多。自然力的本质表现在它这种统一的一切现象中，这些现象发生时的不变常规，就叫做自然律。自然力的特征是严格遵守自然律的，所以认识了自然律，就可以很准确地预先判断某一个自然力的现象。由于只有意志客体化较低级别的现象才具有这种规律性，并且这些现象与意志客体化程度较高，即较清晰的级别上的现象之间存在明显的区别，所以人们至今未能认识到这两类现象的内在本质其实是同一的。

现实生活中，我们会觉得自然规律如此准确无误、如此精确严密，是不可理解的。但当我们认识到自然律只是意志客体化的表现，我们就不会对许多奇特的自然现象难以理解。例如带有酸化了的水分的某些金属，当一个接着一个交互相间地紧密排列在一起时，把小小一片银箔放在这一串金属的两端之间，这片银箔一定会突然地自行焚毁于绿色火焰之中。这里自然力好像具有一种无所不在的心灵感应似的，只要条件具备，相应的现象就必然准确无误地出现。这些如果没有以上的认识，对于我们来说都是神奇的。

到目前为止，我们获得了哲学的认识，认识到一种自然力就是意志客体化的一定级别，认识到这意志本身是自在的，它并不被时间和空间束缚，所以杂多性不是意识的属性，也不直接属于理念，只是理念的现象，认识到意志自行显示其中的现象，决定它们的位置，规定这些现象必须进入的秩序。

一句话，当我们认识到这是意志客体化的表现时，那么我们就能理解自然力作用的规律性和准确性，理解自然力无数现象完全的同一性。每一种普遍的自然力，其内在本质上只是意志在最低级别上的客体化。每一个这样的级别，就是一个柏拉图意义上的永恒理念。而自然律就是理念与理念产生现象的形式之间的关系。这形式就是时间、空间和因果性，而三者又有着密切联系。时间与空间使理念表现出无数杂多性的现象，而因果性则使这些现象按秩序形成。因果律的意义在于它规定了一些界限，使得自然力的现象能够在这些界限之内显示在物质上。但原始的自然力本身作为意志的直接客体化,是不服从充足根据律的,因此也就不在这些形式中。但符合事因学的规律与法则是存在于这些形式之中的,因此事因学的一切说明才有妥当性和意义。也因此事因学的说明不能触及自然的内在本质。对于现象,事因学也只能指出现象出现的一些情况和规律,除此之外,再无任何用处。

意志是一切事物自在的本身，它的逐级客体化就是这整个可见的世界。每一个自然的原因都是一个偶然的原因,只提供机会,使得不可分的意志得以表现为现象。现象的内在本质乃是意志自身,不适用于充足根据律,因此也毫无根据可言。

世界上没有一个东西会有存在的理由，只有一个他恰好在此地的原因。我们已经在自然界发现了这一点,人和动物也同样如此。同理,动机并不决定人的性格,而只决定这性格的显现,也就是决定行为。性格是意志的直接表现,所以是无根由的,在这一点上,我们也可以说性格是天生的。

二十七

如果我们通过上面这些关于自然力及其现象的考察，而弄清楚了从原因作出来的说明能走多远,以及必须在什么地方停止,那我们也应该可以知道了事因学的任务，它的职责就是给自然界的一切现象找出原因,指出使这些现象发生的那些自然力，并且懂得区分这些自然力的不同作用,为了以后不再混淆不同的自然力。

这就直接需要我们的判断力，这也就是为何在物理学上，只有少数的人能够扩大我们的见解，但是任何人都能推广经验一样。在物理学中，有一些懒惰和无知的人倾向于过早地援引各种原始力，这一点似乎在经院学派的存在和本质中表现得淋漓尽致。我最反感的就是促成这些东西卷土重来，不去想着提出一个物理的解释，反而去求助于意志的客体化或上帝的创造力，这是不能够被容许的。物理学要求的是原因，而意志决不是原因。

意志完全不遵循充足根据律，它一方面是物自体本身，另一方面又作为表象存在，即表现为现象。作为现象，它服从那些构成现象的形式的规律。意志、原因、表象三者之间的关系可以用一个例子来解释。每个运动尽管它每次都是意志的显现，却仍必须有一个原因，这运动就是由这个原因来解释的。这个原因，对石头是力学原因，对人的行为是动机，任何表象都有原因，没有任何原因的表象是不存在的。而对于一般的东西，某一种类的一切现象所共同的本质，就是普遍的自然力。这种自然力在物理学上是得不到解释的，不能够追问原因，因为这就是事因学说明的尽头，是因果联系的界限。因此，形而上学的哲学也就有了发端的地方。

但是，因的锁链和果的锁链决不会被人们所需求的原始力打断，也不会回归到这原始的力。这锁链的一切环节，不论最近的还是最远的，都已先假定了原始的“力”，否则什么也不能说明。许多因和许多果的系列可以是些极不相同的“力”的现象，这些力在因果系列的引导下接踵成为可见的。这些原始的、不能互相引出的力虽然不相同，但是一点也不会打断原因锁链的统一性，不会打断锁链中一切环节间的联系。“自然”的事因学和“自然”的哲学并没有互相损害，而是从不同观点来考察同一对象，相辅相成。事因学论证那些必然导致现象的原因，指出那些普遍的、促使所有这些原因产生后果的起作用的自然力，并将这些自然力作为事因学一切说明的基础，同时精确地规定这些力，规定它们的数目、类别，然后规定每一种力分别出现于不同情况中的一切作用，这些都属于事因学的研究范畴。每一种力都遵循它特有的属性而出现，这个属性又按一个从不失误的规则显现，这规则就叫做自然律。自然律通过观察自然界总结出来的规则，只要条件具备，大自然每次都必然遵循这规则周转运动。通过形态学列举有机自然界中一切不变的形态，并加以比较和整理从而完成对于整个大自然的考察。

严格地说，意志客体性的较低级别，也就是物理化学现象，分辨不同出现的方式也属于形态学，而指出这一出现的各个条件就属于事因学的任务。与此相反，哲学在任何地方任何时间，所考察的都是普遍的东西。在这里原始力本身就是哲学的对象。哲学将这些原始力当作意志客体化的不同级别，而意志就是这世界的内在本质，这世界自在的本身。至于这个世界，哲学如果不对本质这方面进行论述，就只能把它解释为主体的单纯表象。

很多学者认为事因学研究的目标就是把一切原始的“力”都还原到最普遍的一种，例如笛卡儿和所有原子论者们就是采用的这种办法。这时候，在他们眼中的事因学就只能是谬论而不再是真理。他们把天体的运行还原为一种流动体的推动作用，把物性还原为原子的关联和形态。他们努力的方向是要把自然的一切现象解释为不可透入性和凝聚力的显现。而直到今天，仍旧存在一部分人顽固地要用有机体的组成部分——“形式和化合作用”来说明整个世界的生命和有机体的一切功能。

如果我们仔细地考察一下，就不难发现，所有的这些说法最后都是以这个假设为基础的，也就是假定有机体只是物理的、化学的、机械的力的各种现象的集合体，这些力偶然的在这里凑到一起就把有机体创造成功了。但是，创造成功也只是作为大自然的游戏，再没有其他意义了。如果从哲学上看，动物或人的有机体本就是特殊理念的表现。但若是依靠这种做法进行判别，这种说法就不再成立。换句话说，有机体自身不再直接是意志在较高的级别上的客体性，而是在有机体中显现的只是如同在电气、化学作用、机械作用中使意志客体化的那些理念一样，因此有机体自身也就不存在值得特别探究的地方了。

不过，我们也可以看到，在那种范围之内把物理化学的说明方法应用到有机体上还是可以容许的，是有一点作用的，因为我想要阐述的就是，生命力本来就是使用着、利用着无机自然界的一些“力”，可却不是由这些“力”所构成的，正如铁匠不是锤和砧构成的一样。

因此，即使是最简单的植物生命，也决不能以毛细管作用和渗透作用来说明，如果是动物的生命那就更不必说了。

根据上面所述的一切，我们应该能够明白，事因学的终极目标是要把意志客体性的较高级别还原为较低级别，这毋庸置疑是事因学酿成的错误。因为误认和否认原始的、各自独立的自然力的这种错误，等于毫无根据地又另外假定了一些特殊的力，而其实并不是某些原始的力，只不过是已知的力的又一特殊显现方式罢了。

在一切的理念中，也就是说在无机自然界的一切力中，在有机自然界的一切体现中都只是同一个意志在显示着自己，而显示它自己也就是进入表象的形式，进入客体性。

因此，意志的单一性也必然地可从意志的一切现象之间的一种内在的亲属关系上看得出来。这种亲属关系在意志客体性的较高级别中，整个现象也比较明显，而在植物界和动物界中，就是通过普遍贯穿着一切形式的类似性，通过在一切现象中重现的基型将自己显示出来。

这种类似性已经在19世纪，由法国人首创的动物学体系中获得了证明。证明这一点也曾是谢林学派的自然哲学家们的主要任务，至少可以确定这是他们的目标。即便他们在很多场合已堕落为纯粹的儿戏，但他们仍然取得了不少成果。例如他们证明了在无机自然界的理念中也有普遍的亲属关系和从属类的类似性，在电和磁力之间，在化学的吸引力和重力之间，以及其他等等之间都有这种关系。而在中国古代，阴阳对立的学说中也早已从另一个角度阐述了这种见解。正因为世界的一切事物都是同一个意志的客体性，从而在其本质上本就是统一的，也因此在事物之间必然存在着不可忽视的类似性，在较不完备的事物中一定会出现高一级较完备的事物的痕迹、迹象、粗胚。

尽管现象与物自体的区别是绝不可忽视的，但我们也绝不能把客体化了的意志的同一性歪曲为意志显现于其中的个别理念本身的同一性。比如不能把化学的或电力的吸引还原为重力的吸引。虽然它们内在的类似性已被认识而可以把前者看作等于是后者更高一级次的存在。同样，在一切动物身体的构造有着内在的类似性也决不可以作为理由把物种混淆起来认为是同一的，更不能把同一进程中，较高级的物种看作是较低级物种的变种。

如果在意志客体化的较低级别上，也就是在无机体中，意志的现象中有几种现象陷入相互冲突中，这时每一现象都在因果性的线索上争着要占据眼前现有的物质。于是，从这冲突中产生的是其中一个高级一些的理念的现象，这现象把原先所有一切较不完备的现象都降服了，并且在降服它们之后仍容许它们的本质在一个较低级的状态中继续存在，这时战胜的现象就从它们那里吸收了一种和它们类似的东西。例如，动物身体中各种液汁的混合和分泌就是化学上化合和化分的类似物，并且化学的规律仍然继续在起作用，不过是次一级的作用，因此被一个更高的理念所制服了。

意志客体化的每一级别都在和另一级别争夺着物质、空间和时间。即便是恒定的物质也是如此，于是在更换形式时，机械的、物理的、化学的、有机的现象就会争相出现，互相抢夺物质、空间与时间，因为每一现象都想要显示出它的理念。在整个自然界中无论是动物还是植物，亦或是无机物之中都会频繁地出现这种争夺。事实上，这冲突、争夺自身就是意志的自我分裂的表象。这种普遍的斗争在动物界中最为明显。在动物界中，每一动物都会成为另一动物的俘虏和食物，自身即是捕食者也是食物。也就是说它要让出借以表现其理念的物质，以便用另一理念来表现自己。这样，生命意志就始终通过自我吞噬来延续下去，一直到人类才结束。

然而在人类中的争斗，意志的自我分裂会暴露出最明显的可怕程度，这些我们在第四篇里将会看到。同时，我们在意志客体性的较低级别上也能看到同样的斗争，看到不同的理念为了显现自身而进行的殊死搏斗。例如通过有机的同化作用，水和二氧化碳发生作用会变为植物浆液，植物或面包经由人体又变为血液。在无机自然界也同样如此。在有些时候，我们似乎能够抓住意识，将其客体化，比如艺术创作。艺术复制着由纯粹观审而掌握的永恒理念，复制着世界一切现象中本质的和常驻的东西。

艺术的唯一源泉就是对理念的认识，它唯一的目标就是传达这一认识。它比科学高尚得多，科学只考察个别的事物，只考察现象，它好比是无来由、无目的的大风暴，而艺术则是穿透这风暴的宁静的阳光。科学好比瀑布中永不停息的水珠，而艺术则是照耀着它的安谧的长虹。并且悲剧艺术暗示着宇宙和人生的本来性质，是文艺的最高峰。

我们要知道，意志的作用并不是在任何地方都有意识的。意志的客体化一级比一级明显，然而即便在植物界，联结意志现象的是刺激而不是原因，意志仍然是完全无知的作用，更是无名的冲动。即便在动物现象中自然运行的部分,例如动物的生育和成长,动物内部营养输送的维系,意志仍然也是盲目的。

意志客体性的级别一直上升,最后达到一点,在这一点上行动是由动机支配的。既然有动机就必须有认识,所以出现了一种辅助工具——认识,作为个体保存和种族延续的需要而存在。随着认识的出现,很自然地就出现了作为表象的世界,这时世界表现出了第二面——表象。在此之前世界只是意志,现在它同时又是表象,是正在认识着的主体的客体。

直到这里,意志为自己指明了方向。在此以前,意志之所以能在无机的和单纯植物性的世界中体现出自己的精确性,是因为只有它独自存在于自身的原始本质中,同时也不会受到表象世界的干扰。虽然只是盲目冲动,但仍旧准确无误。作为表象的世界是完全不同于意志的另一性质,那就是联系所有的现象。但意志那些从不失误的精确性表现只存在于自然界和植物界的现象当中,在动物界中,开始出现假象、幻觉,并为此迷惑。除人类之外的所有动物都只有直观的表象,没有概念,没有反省思维。而人类有了概念,有了反省思维,因此更加容易产生各种谬误。因为这些理性认识和意志冲动总要相互侵入对方范围,互相干扰。

所以,认识从根本上来看都产生于意志,并为意志服务,认识的存在就是为了达成意志的目的。它几乎始终以驯服作为达成目的的方式,几乎所有的人,所有的动物,都是如此。然而某些个别的人,认识又能躲避这种劳役,打开自己的枷锁,使自己获得自由。正如艺术的产生,它不仅脱离了意志,最后还能回过头来影响意志,使意志进行自我扬弃。当一个认识着的个体已升为认识的纯粹主体,而被考察的客体也因此升为理念的时候,作为表象的世界才能完美而纯粹地出现,才圆满地实现了意志的客体化,因为唯有理念才是意志恰如其分的客体性。

考察理念，即意志恰如其分的客体性的唯一好的方式就是艺术，这是天才的任务。这种境界叫作无欲。无欲也是人生的最终目的，是一切美德和神圣的最内在本质。

二十八

通过上述内容我们可以知道，意志把自己客体化到现象之中，这些现象之间具有巨大差异性和多样性，并且相互之间存在无穷尽的和互不妥协的斗争。但是，意志本身并不在这现象之中，现象的变化、斗争都与意志无关，它们只不过是意志客体化的方式和形态，只是由于客体化才和意志有着间接的关系，借此关系这一切才属于意志的本质，也就是成为现象而有的表现。犹如一盏神灯映出多种多样的图片，使所有这些图片获得可见性的却是灯里的火焰。

万物皆有意志，而意志在万物中始终是完整的，不能说石头里面是意志的一小部分，人里面是意志的大部分。那么，在这一切繁杂的现象中，这些现象或是并列充塞于宇宙，或是作为事故前仆后继的发生与消失，在这一切变动中只有那一个意志是显现者，永不变动，而那一切则是它的可见性和客体性。唯有它是物自体，而一切客体都是显现，用康德的话说，都是现象。

意志作为理念，在人类中有最明显和最完美的客体化，那就是用意志改造世界。然而仅仅依靠这一客体化还不能完整表现出意志的本质，它需要世界中各个级别全部的客体化。

人的理念，如果要在应有的意义之下显露出来，就不可孤立地、割裂地表现，而必须有向下行的各级别。需要经过动物的一切形态，经过植物界直到无机界，只有经历这样一个过程才能使意志的客体化达到完整的状态。但意志的可见性、意志客体化的程度有高低大小之分，可以分为无数的级别。人的理念要以这一切为前提，正如树上的花要以枝、叶、根、干为前提一样。这些级别形成一个金字塔，而人就处于这个塔顶上。

如果用比喻的方式，我们也可以说这一切，它们的现象必然要伴随人的现象，光明一定会变成黑暗，黑暗也一定会变得光明。

在这里我们之所以把看到的意志现象排成级别，与它的内在和意志恰如其分的客体性有着分不开的必然性，在所有一切意志现象中都是由一种外在的必然性所表现出来的，并由于这种必然性，人为了自己的生存就需要动物，动物又因这种需要而依次需要另一种动物，然后也需要植物，植物又需要土壤、水分、化学元素、元素的化合物等，需要行星、太阳、自转和公转、黄道的倾斜度等等。归根结底，这都是由于意志必须以自身来满足自己的需求而产生的，因为除意志以外，再没有其他存在的东西了，而意志处在饥饿中的，人世的追逐、焦虑和苦难就都是从这里产生的。

只有在现象无穷的差别性和多样性中，认识到意志的统一性、单一性，才能对自然界一切产物间的类似性，那种亲族的近似性提出真正的说明。由于这种亲族的近似性，我们才能把自然界的产物看作是同一的，但不是随之提出的一个主旋律的变化。与此相似，只有清晰而深入地认识到这世界所有的部分之间都存在本质上的联系，才能对于自然界一切有机产物的内在本质及其不可否认的目的性二者的存在的意义，有一个真实的、充分的、全面的理解。并且这种目的性，是在我们考察和审定这些有机的自然物时,就已先验地被我们假定过了。

这个目的性有双重的性质,一面是内在的,也就是任何一个个别有机体所有组成部分之间都存在如此的协调性,以致该有机体及其种族能够生存,这也就是自然安排的目的;另外一面是外在的,这种目的性体现在无机自然界与有机自然界的关系,有时也是有机自然界各部分之间相互的关系,这种关系使整个有机自然界,同时也使个别物种得以存在。因此,这种关系对于我们的判断是作为达到这一目的的手段而呈现的。

这内在的目的性就是以下述方式插到我们考察的序列中来的。如果按照这个说法来看,在自然界中的一切形态的差别性和个体的杂多性都不属于意志,而只属于意志的客体性和客体性的形式。所以,意志,尽管它客体化的程序,也就是理念差别很大,但它自己却是不可分割的,即在任何一种现象中出现的都是整个的意志。为了易于了解,我们可以把这些不同的理念作为个别的、自身简单的意志活动来看,而意志的本质则或多或少地把自己表现在这些活动中的。个体是一个理念,也是活动在时间、空间和杂多性中的一些现象,一个这样的活动在客体性的最低级别上也在现象中保有自己的统一性,而如果在较高的级别上,为了显现出来,这种活动就需要时间上的整个一系列的情况和发展,所有这些情况和发展结合起来才能完成它的意志的表出。

例如,在任何一种普遍自然力中显示出来的理念,不管它这个表出按外在情况的变化如何存在差别,它总有一个单一的表出,否则就根本不能指出这表出的同一性,而指出这种同一性正是通过剥落从外在情况发生的差别性来完成的。结晶体正是通过它的结晶活动才表现出它仅有一次的生命表现。这个生命表出随后在僵化了的形式上,在它生命一瞬间的遗骸上将它的理念完全充分的表现出来。同样植物也是理念的显现,但植物表现理念，不是一次的，也不是由一个单一的表出，而是由植物器官在时间上的继续发育来表现的。动物则不仅是在同一形式下，不仅是在相续而常不同的形态变化中发展着它的有机体，而是这形态本身，虽已是意志在这级别上的客体性，却仍然不足以充分表现它的理念，而是由于动物的行为，这理念才得以完整的表现。因为动物在整个这一个物种中只具有一种同一的性格，所以这些行为中所透露出来的正是理念的充分表现。这时，理念的显出就是以一定的有机体为基本条件的。

附带着，我想在这里再谈谈植物的坦率。每一植物单是在它的形态中便已坦率地表出了它的整个性格，公开显示着它的存在和意欲，植物面貌所以那么多种多样和绚烂无比也正是由于这一点。可是动物就不同，如果要在理念上认识它，就必须要从行动和行为中进行观察，而人呢，因为理性使他具有进行伪装的高超能力，所以就只能通过研究和试探来认识他的理念了。动物比人坦率，在程度上几乎相等于植物比动物的坦率。在动物，比在人身上更能看到赤裸裸的生命意志，因为人是用许多知识包裹起来的，此外又被伪装的本领所掩饰，以至他的真正本质几乎只偶然地或间接地显露出来。

显示于植物的生命意志，虽然完全赤裸裸的但同时也微弱得多，并且没有目的和目标，完全是盲目求生存的冲动。这是因为植物显示它全部的本质，一览无余，是完全天真无邪的。虽然动物的生殖器官都在隐蔽部位，而植物却显露出来以供观赏，但这并不能削弱植物天真无邪的程度。因此植物的天真无邪是基于它的无知无识。同样，邪恶也不在意欲中，而是在带有知识的意欲中。每一植物一开始就首先告知了它的故乡，告知了这故乡的气候和供它生长的土壤的性质。因此，即便是一个没有学习过的人也能容易地识别一种异乡的植物是热带地区的还是温带地区的，是生长在水中的、沼泽中的、山上的还是荒地上的。此外，每一植物还表达了它种族的特殊意志，这是用任何其他语言所不能表达的东西。

认识虽可以为意志服务，但在从低等动物经高等动物发展到人以后，有时可以成为例外，认识可以从为意志服务中摆脱出来，这时就从认识个别事物过渡到认识理念了。主体已不再仅仅是个体的，而已是认识的纯粹而不带意志的主体了。

在无机的自然界，当到处都是被当作一个单一的意志活动来看的理念把自己显露于仅仅一个单一的并且总是相同的表达方式中时，人们就可以说无机物其实只具有一种性格，因此在这里也就不能显现出什么其他的内在目的性。与此相反，当一切有机体是以前后相继的发展来表出它的理念，而这发展又是被决定于不同部位互相并列的多样性时，那么这就并不是说这些部位的必然相互并列以及这些发展的必然前后相继二者就取消了这显现着的理念的统一性了，就取消了把自己表出的意志活动的统一性了。实际上，反而是这个统一性在那些部位和发展按因果律而有的必然关系与必然连锁上获得了它的表现。把自己显出于一切理念中的，并且也与自己相一致的意志，虽然它的现象分散于不同的部位和情况，但在这些部位和情况的一贯相互协调中仍然显现出统一性。这是由于所有一切部分间的必然关系和相互依存的关系是后来才产生的，也就是说是一直存在的，只不过是在现象中恢复了理念的统一性才显现出来的。

此时，我们现在就可以把构成有机体的那些不同部分和不同功能看作是相互部分之间的手段和目的，而有机体自身则是一切目的的最后目的。从而在一方面，自身单一的理念分散在有机体杂多的部位和情况中，另一方面则是理念的统一性由于这些部位和功能的必然联系而作为相互依存的因和果，此时手段和目的得以恢复。

但是，无论是哪一面对于显现着的意志，对于物自体，都不是特有的、本质的东西。只有对意志在空间、时间和因果性中的现象，这两方面才都是特有的本质的东西。这两方面都属于作为表象的世界而不属于作为意志的世界，属于意志在其客体性的这一级别上如何成为客体，也就是如何成为表象的方式和方法。

如果有人对于这一内容进行了充分的了解，在日后就会充分懂得康德的学说。康德学说的旨趣就是说无论是有机界的目的性，还是无机界的规律性，在最初都是由我们的悟性带到自然界中来的，因此目的性和规律性都只属于现象而不属于物自体。前面已说过，人们对于无机自然界的规律性感到惊奇的是这种规律从不失效的恒常性。这种惊奇，和人们对于有机自然界感到惊奇的目的性基本上是一回事儿，因为在这两种情况下，使我们惊异的都是我们只看到了理念本有的统一性，而理念只是为了现象才采取了杂多性和差别性的方式。

二十九

通过这篇论述，我希望我能告诉各位，在我们生活于其中的世界，如果按照本质来说的话，完全是意志，同时也完全是表象。既然说是表象，就肯定了先前所说的主体与客体的关系。因为表现和客体是相对的，所以如果取消了这个形式，表象也就随之消失，世界的本质就只剩下了意志。所以，意志就是真正的物自体。

意志无处不在，哪怕只是最简单的反观自身都是意志，世界的本质就在这意识中。因此我们可以说，每个人自身就是整个世界，就是小宇宙，并体会到这世界的意志与表象这两方面在每个人的身上都有完整的体现。每个人只要能够了解自己作为主体的本质，就能了解到这个世界的本质。

世界和人一样，完全是意志，又完全是表象，此外再不是任何别的东西了。这就是这本书前面两篇要表达的观点，在后面两篇中会继续研究，以便补充和完善。接下来，我们再单独讨论一下这样一个问题——任何意志都对某种东西有欲求，那么，作为世界本质的同一性的意志，它的欲求又是什么呢？

这个问题是由于混淆了物自体和现象而产生的，本身就是一个假命题。空间和时间只能给表象和个别事物指出一个根据或理由，而决不能给意志自身指出什么根据或理由，意志是超物质的存在。任何个体，它的每一个意识必然会有动机，但动机也只是把个体在此时此地、在此种情况之下的意志活动作为个别的东西来规定，而决不是规定这一个体它根本的欲求。作为意志本身，没有根据和理由，超脱于充足根据律之外。因此，每个人都有目的，并因此指导自己的行为。但要问目的和动机从何而来，没有人能够回答。其实，意志自身就是一个无限的追求。在这一点上，在谈到离心力的时候，已经触及到。在意志客体化的最低级别上，也就是在重力上，也可以看到这一点。重力不间断地实施行为，让人可以一眼看穿最后的结果。因为，即令是所有存在的物质都按自己的意志而组成一个整块，然而重力在这整块中，同样也是在向中心点，同时也在和不可透入性在斗争，不管这不可透入性是作为固体性还是作为弹性出现的。所以物质的这种追求永远只能受到阻碍，绝对不会，也永远不会得到满足和安宁。

并且意志所有现象的一切追求都是这样一个情况，每一目标，在达成之后，又是一个新的追求过程的开始，如此辗转以至无穷无尽。植物从种子经过根、干、枝、叶以达到花和果而提高了自身的显现,这果又只是新种子的开端,一个新个体的开端,这新个体又按之前的过程重新演变一次,经过无穷的时间如此辗转反复。动物的生活过程也是这样的,生育是过程的顶点,在完成这一任务之后,这一代的个体的生命就或快或慢地走向下坡,同时自然地,一个新个体又开始,为保证物种的继续生存又重新演示这一过程。

是的,每一有机体中物质的不断更新其实就是一种不断发生的现象。这种现象,生物学家们现在已不再把它作为对运动中被消耗的物质的必要补偿来看了,因为机械的可能损耗绝不可和通过营养而来的不断增益相同。也就是说,在意志的本质中,变化无休无止是其自身的规律。在人类追求愿望时,这些欲望总是把最后的满足当作人类终极目标,可是在欲望真正被满足之后,愿望也就失去了自身的意义,并很快被遗忘,然后,我们又有了新的欲望。满足欲望的这个过程,如果顺利则产生了快乐,如果有曲折则产生了痛苦;如果停顿,便是无聊。更为可怕的是僵化的愿望能使生命僵化,表现为致命的苦闷。所以意志总能知道它在此时此地欲求什么,但决不知道它为什么欲求。

每一个个别活动都有一个目的,但整个欲求却没有目的。这正是和每一个个别自然现象在其出现于此时此地时,需由一个充足的原因来决定,而显现在现象中的力根本没有什么原因,是同出一辙的。因为这种原因已经是物自体内的,也是作为无根据的意志的现象之级别。意志唯一的自我认识总的来说就是总的表象,就是整个直观世界。直观世界是意志的客体性,是意志的显出,意志的镜子。直观世界在这一特殊中表达些什么,那将是我们后面考察的对象。

第三篇

世界作为表象再论

三十

在第二篇里，我们已从世界的另一面考察了在第一篇里作为单纯表象、作为对于一个主体的客体来看的世界，并发现了这另一面就是意志。唯有意志是这世界除了是表象之外还是的那个东西。在此以后，我们就根据这一认识把这世界不管是从全体说还是从世界的部分说，都叫做表象，叫做意志的客体性。

意志的客体化有很多固定的级别，意志的本质依照这些级别进入表象，然后作为客体而显现，并且其清晰度随着客体化的级别而增加。只要这些级别意味着一定物种或有机和无机的一切自然物体的原始，不变的形式和属性，意味着那些按自然规律而把自己显露出来的普遍的力，那么，这些固定的级别就是柏拉图所说的理念。所有这些理念全部综合起来又把自己展出于无数个体和个别单位中，它与个体的关系就是个体的典型和摹本的关系。

时间与空间为现象的多样性创造了条件，而现象的生灭变化则取决于因果性。充足根据律是现象界的最高原则，也是表象的普遍形式。而理念并不在充足根据律的范围之内，不仅不遵循充足根据律，更没有多样性以及生灭变化，它是永恒不变的。

由于主体是作为个体来认识客体，所以充足根据律就是主体必然的认识形式，而理念本身又不在充足根据律的范围之内，所以理念是无法进入个体的认识范围的。理念不是不能成为认识的对象，但需要以主体取消个性作为前提。这将是我们在后面要详细说明的问题。

三十一

在说明上述问题之前，我们需要先确认一个信念，那就是关于物自体的，我们会在这里澄清柏拉图和康德二人在这个问题上的一些认识。由于康德采用的是从被根据决定的东西推论到根据之所以存在的方式这样的途径，所以物自体成为了他哲学体系中的绊脚石。但当我们从另外一种恰好相反的途径到达物自体时，就会发现物自体不是别的而就是意志。

此时，我希望在有了上面所阐述的内容后，人们能够在构成世界自身的意志之客体化的一定级别上明白柏拉图的所谓永恒理念或不变形式。这永恒理念之说，多少世纪以来就被认为是柏拉图学说中最主要的内容，然而同时也是最晦涩的、最矛盾的学说，是许许多多人思考、争论、讥刺和崇敬的对象。既然我们确认物自体就是意志，而理念在一定程度上可以看作是物自体的表象，那么我们很容易就发现康德和柏拉图的观点有着很多的相似之处。下面我们就来具体分析这一点。

在康德学说中，时间、空间和因果性都只是一种自然现象，而非物自体本身的规定，这些是我们认识的先验形式。所以由这些认识的先验形式决定的在未来产生的经验认识也只能是对现象的认识，而跟物自体毫无关系。甚至对于人类的自我认识而言，也只不过是针对自我的现象而已，并不能产生自我认识的意志。这就是康德学说内在以及本质上的最大趣味和主旨。可是柏拉图却说，世界上，我们所能感知的事物，其实并未真正存在，它们总是处在变化中，只是存在于互相的关系之中，是相对的存在，也可以叫做“非存在”；人不可能真正认识他们，因为真正的认识所针对的对象只能是那些永恒的东西。

无须多加证明，我们就能看出康德和柏拉图这两种学说的相似性，他们双方都把可见、可闻的世界认作一种现象，并认为该现象本身是虚无的，只是由于把自己表出于现象中的东西才有意义和假借而来的实在性。根据这两位所说，现象的一切形式，即使是最普遍的最基本的形式，也根本与那真正存在着的东西无关。他们之间所不同的是，康德为了要否定这些形式的实在性，而把这些形式自身直接了当地概括为一些抽象的名称，并径自宣称时间、空间和因果性，作为现象的一些形式，是不属于物自体的。柏拉图与此相反，他并没把话说得那么彻底，他只是把个体的多样性以及生与灭，间接地从他的理念上剥除下来。

为了让大家能够理解得更透彻，我想用一个比喻来把他们的学说对比得更加形象化一些。面对一个具有生命力的动物时，柏拉图会说：“这只是一个表面的存在，不断变化，相对依存，可以叫存在，也可以叫非存在，但并未真的存在。真正存在的是控制这动物充满生命力的理念或该动物自在的本身，这是一种永恒的东西，不生不灭。我们对于动物的一切认识都是对该动物现象的认识，都不是全面的正确的，只有对动物理念的认识才是真正的认识。”而康德大概会说：“这个动物是时间、空间和因果性中的一个现象。而时间、空间和因果性只是在我们认识能力以内，是先验存在的一些可能的经验条件，而不是物自体的一些规定。如果非要通过该动物的自身方面来认识它，也就是不用时间、空间和因果性中的一切规定来认识它，那我们能做的就是除去理性分析，用感性以及知性这两个认识方式来认识它的本质，但可能还需要另外一种别的认识方式。”

如果人们曾经真正懂得康德的学说，如果人们在错过了康德之后真正对柏拉图哲学有深入的体会，如果人们忠实地、认真地思考过这两位大师的学说的内在旨趣和含义，那么人们就会发现，这两大哲人所创立的学说拥有惊人的相似程度，基本意义以及研究目标几乎完全雷同。但过去人们只是在字面上推敲，而从未发现两者之间的真正联系，也就错过了最伟大的发现。

然而真正的哲学家们的忠实群众那么少，以至要若干世纪才给他们带来了寥寥几个懂得他们的后辈。过去的那些人，只是通过在字面上推敲，就认为这是两种完全不同的学说。认为康德的是关于形式的学说，说这些形式把个体的“认识”局限于现象之内；柏拉图的是关于理念的学说，认识了理念是什么，正是明显地否认了那些形式。在此，我也不想再多说什么了。

三十二

根据以上考察，我们得知康德和柏拉图的学说有内在的一致性，但这并不能说康德所谓的物自体和柏拉图所说的理念就是一种东西。在我们看来，应该说理念只是物自体最直接的，因而也是恰如其分的客体性，而物自体本身是意志，这二者在本质上是不同的。

康德理论的缺陷在于，他虽正确指出了物自体是独立于一切认识形式之外的，但他没有指出这些形式其实是主客体分立而存在这一最普遍的形式，这样他就无法明确物自体到底是不是客体，这也为他以后的许多错误埋下了伏笔。

与康德相反，柏拉图认为理念必然是客体，是一个被认识了的东西，是一个表象。理念是还未进入形象的一个客体。

当理念落入作为个体的主体认识中时，它就进入充足根据律这个普遍形式中了。于是，个别的、按充足根据律而显现的事物就只是物自体的一种间接的客体化。理念就存在于事物和物自体的中间。

理念作为意志的唯一直接的客体性，除了对于主体呈现出客体的属性之外，再没有作为认识时所有的其他形式了，所以说它只不过是在表象的形式之下的物自体而已。

而这就是柏拉图和康德两人之间所以有巨大的一致的理由，虽然，严格地说起来，这两个人所说的还并不是同一回事儿。个别事物并不是意志的完全恰如其分的客体性，而是已经在那些以充足根据律为总表现形式下的与主体对立而存在的客体，这些时间、空间与因果性形式就是认识的条件。假如我们自身在作为认识的主体时，不同时作为个体出现，那么我们就根本不会再认识个别的物件包括我们自身，也不会再认识一桩事件，更不会认识变换和杂多性，取而代之的是在清晰的认识中只体会到理念，只体会到那一个意志或真正物自体客体化的那些级别，从而我们的世界就会真正的达到“常驻的现在”了。时间只是一个作为个体的生物对这些理念所有的那种化为部分、分成片断的看法，理念则在时间以外，从而也是永恒的。这种方式就是认识理念的方式。所以柏拉图说“时间是永恒性的动画片”。

三十三

作为个体的我们，在这个世界中，除了认识充足根据律之外，再没有其他能直接对理念进行的认识。因此，我们若想将表象归结于理念，就只有通过改变认识主体来实现，也就是消除认识主体的个体性。

我们在第二篇中，已经说明了认识作用本身也是属于较高级别上的意志的客体化，感性、神经、脑髓等和有机生物的其他部位一样，是意志客体性的表现。因此，他们天生就为意志服务，也就是说认识自始至终在其本质上就是完全为意志服务的，是达到它那些现在已复杂起来的目的的手段，是保存一个有着多种需要的生物的手段。

所有一切遵循充足根据律的知识和意志都有一种较近或较远的关系。个体通过身体认识其他现象，最后将现象转变为意志，但意志也是存在于身体之内的，所以个体也最终要回归身体。是充足根据律把这些客体置于它们通过身体寻找意志的这种关系中，为意志服务的认识就是为这些客体找出并说明充足根据律所建立的关系，也就是寻找它们在空间、时间和因果性中的复杂关系。只有通过这些关系，客体才和意志发生了联系。所以为意志服务的“认识”从客体而言它也不过是一种认识，认识这些客体也就只是它们在此时此地。在这些情况下，由此原因，得此后果。一句话，就是当作个别事物而认识的，如果把所有这些关系取消了，对于认识来说，这些客体也就消失了，因为“认识”在客体上所找到的除了这些关系，再无其他。

我们也不容讳言，科学上考察的东西也只是这些关系。只不过科学不同于通俗常识的是，科学研究有系统性，是以概念的系统联系为手段，是一种由繁入简的考察手段。任何关系本身又只有一个相对的实际存在，比如时间中的一切存在都是非存在，因为时间恰好只是那么一个东西，由于这东西相反的规定才能够同属于一个事物，所以每一个现象既在时间中又不完全在时间中。这是因为把现象的首尾分开来的恰好只是时间，而时间的本质就是运动的延续，是无实质存在的、相对的东西，在这里人们就把它称之为延续。

通常来说，认识总是一心一意地为意志服务的，认识也是为这种服务而产生的。我们可以说，认识是为意志长出来的，犹如头部是为躯干而长出来的一样。在动物界，认识为意志服务是必然的。但在人类，认识与意志没有必然的联系，可能当意志停止了，认识依然在继续，这也是我们立刻就要详加考察的。人兽之间的这一区别可在形体的外表上由头部和躯干两者之间的关系各不相同而表现出来。在低级动物，头和身体是长在一起的。即便是高等动物，如果和人比起来，头和身体的界限也不那么明确。这都与人类不同。人的头部好像是自由安置在躯干上似的，只是由躯干支撑着而不单纯为躯干服务，头部拥有独立的运行模式，并好像已能够摆脱躯体，不再被心束缚似的。

三十四

我们在前面已经提到，如果要从认识个别事物过渡到认识理念，只有当认识不在为意识服务的时候才会发生。这时主体只是一个认识，纯粹到了没有意识的地步，所以它不再同时是个体了。同时这种主体挣脱了按充足根据律来研究的那些关系，而且脱离了意志的关系，完全沉浸于眼前对象的纯粹认识中。要想搞清楚这一点，我们还需要做进一步的探讨。虽然其中会有一些地方让人感到陌生和诧异，但不要太着急，只需要暂时放一放，到本书待要传达的整个思想总括起来了之后，这些陌生的地方自然就消失了。

对理念的认识过程完全不同于认识的表象过程，不能遵循充足根据律去认识理念，也就是不再用“何时”、“何处”、“何以”、“何用”这样的方式考察事物，不再以抽象思维以及理性概念来把握事物，取而代之的是把人的全部精神能力都献给直观，沉浸于直观中，让意识对象完全占据意识。也就是说，当对理念进行认识时，要忘记它的意识，要放下它的主体性，仅仅让它作为客体的镜子而存在。人们不能再把直观者和直观本身分开来认识，这二者已经合二为一，共同作为认识的主体。

所以，客体摆脱了与所有事物的联系，主体脱离了和意志的关系，这样一来，我们所认知的就不是事物，而是理念，是永恒的形式，是意志在对应这一级别上的直接客体性。同时，置身于这一直观中的人，也不再是客体，因为人这个个体在这一直观中已经不再是客体了，他已变成纯粹的、无意志的、无痛苦的、无时间的主体。在这样的直观中，个别事物开始成为其不同种类的理念，而人则成为了纯粹的主体。作为个体，人只能认识个别事物；而在成为纯粹的主体之后，人就拥有了认识理念的能力。

其实，所谓的个别事物不是别的，正是那些被弄模糊了的，只能作为客体存在的理念，只不过因为充足根据律而显现为无数的具体存在。在理念出现的时候，理念中的主体和客体就合二为一，它们相互补充，相互渗透，才使理念得以作为表象的世界出现。意志乃是理念的自在本身，理念将意识客观化了，这种客体化是完美的。世界中的万物和人都把意识客体化了，但这种客体化并不完美。被直观的客体和个体两者在它们自在本身上是并无区别的，因为它们就"自在本身"说都是意志。这正如"我"没有客体，没有表象，就不能算是认识着的主体而只是盲目的意志一样，没有"我"作为认识的主体，被认识的东西同样也不能算是客体而只是意志，只是盲目的冲动。根据意志的同一性，这个意志就其自在本身，和"我"的意志是同一个意志。只是在作为表象的世界中，由于表象的形式从总体上划分为主体和客体，这个意志和"我"的意志才一分为二成为被认识的和能认识的个体。如果消除认识，那么除了意志，就只剩下盲目的冲动了。

如果一个人按照以上方法将自己仅仅只是作为纯粹认识着的主体而存在，那么，他就会体会到，作为主体，人乃是世界及一切客观的实际存在的条件，因此成为这一切的支柱。这时候他已把大自然摄入自身之内，并自我感觉到大自然只不过是他内在本质的偶然属性而已，同时会有一种"一切天生之物本来就是我，在我之外无物存在"的超然感觉。

三十五

为了对世界的本质获得更为深入的理解，人们就一定要学会把作为物自体的意志和它的恰如其分的客体性区分开来，然后把这客体性逐级较明显较完整地出现于其上的不同级别，也就是意念自身，和在充足根据律的形式下显现出来的各形态中的理念的现象，以及作为个体的人的有限认识方式区别开来，从而获得对世界更本质的认识。这样，人们就会同意柏拉图的观点。因为柏拉图认为只有意念是真正存在的，而"在空间和时间中的事物"、"个体被认为是真实的世界"等等，就如同梦境一般，都是虚幻的。人们就会清晰地把理念和它的现象区别开来，认为前者为本质的，后者为非本质的。

让我们举个例子。在浮云飘荡的时候，浮云的本质并不是飘荡现象。它的本质或是说理念，是作为有弹性的蒸气，在风的冲力的推动下紧缩成一团，时而飘散、舒展、碎裂。云的形象，只是观察者眼中的表象。我们要知道，在浮云、溪水、结晶体等无机物中，显现的已是意志的最微弱的尾声了，它若出现于植物中则会完满些，在动物中又更完满一些，而在人的身上则表现的最为完美。只有意志的客体化，也就是所有那些级别的本质上的东西才构成理念；当理念变化为现象时，并不能表现出理念的本质。并且任何理念的展开都是一样的。所以人类的历史、事态的层出不穷、时代的变迁、人类生活的复杂形式，这一切都仅仅是理念所显现的偶然形式，都不属于理念自身，而只属于现象。对于理念，这些都是陌生的、非本质的、无所谓的。犹如苍狗的形象之于浮云，漩涡泡沫的形象之于溪水，树木花卉之于窗户上的薄冰一样。

当我们知道意志和理念、理念和现象的区别，就会明白，在时间中不会产生什么新奇的东西，也不会有什么东西能在时间中永恒存在。在人类生活的这个复杂的世界中，在无休止的世事变迁中，也只有理念可以被看作为永恒的存在。在整个世界中，生命意志在这理念中有着最完美的客体性，而理念又把自己的各个不同方面通过人类的不同特性表现出来，从而形成千百种不同的个体形态不停地上演大大小小的世界史。在演出中，推动这一切的是什么，是胡桃还是王冠，这和理念毫无关系。

在世事变迁中，因为我们身处其中而为这变动不定的种种现象或欣喜若狂，或扼腕叹息。但这一切跟理念——现象的源泉，是毫不相干的，从理念的角度来看，这些现象都不曾真正的存在过。在这现象的世界里，既不可能有真正的损失，也不会有真正的收益。唯有意志才是存在的，只有物自体才是一切现象的源泉。它的自我认识、自我肯定或自我否定，才是它本身唯一的大事。

三十六

历史是沿着大事件逐步向前的。如果历史是按动机律来引出这些大事的,在动机率这个范围,历史也就能够被预知了。事实上,动机律是在意志被因“认识”了的时候才决定显现意志的。在意志客体性较低的级别上,意志在没有“认识”而起作用的时候,事因学是作为事因学来考察意志现象变化的法则的,也就是说,事因学只能考察那些相对不变的东西。形态学借助于概念把一般的概括起来以便从中引申出特殊, 这就使它几乎无尽的课题简易化了。

最后,数学则考察那些赤裸裸的形式,在这种形式中,由于理念并不存在于时间与空间的范畴之内,因此以科学为共同名称的学术,只能研究现象,而无法研究理念。

那么怎样考察理念,也就是如何考察物自体直接地、恰如其分的客体性呢?这是艺术,是那些杰出的人所干的事儿。因为艺术能将由纯粹直观而掌握的永恒理念以及世界一切现象中本质的和常驻的东西复制出来。用以复制的材料可以是造型艺术,也可以是文艺或音乐。艺术的唯一源泉就是对理念的认识,传达这一认识也是它唯一的目标。艺术在任何地方任何时间都能到达它的目的地。因为艺术能把它直观的对象从变动不定的现象界脱离出来,让这对象孤立的真实的存在于它面前。艺术能将时间的齿轮戛然而止,就停在某一刻,守着这个个别的东西。在艺术的世界里,那些现象中的各种关系都无关紧要了，只有世界中本质的东西，即理念，才能以艺术为载体，长久的保存下来。

我们可以把艺术视作是独立于充足根据律之外的观察方式，和那些在充足根据律规则之内的考察方式相互呼应。后者是经验和科学的道路，因为遵循充足根据律的是理性的考察方式，也是生活和科学中唯一可用的。而撇开这定律的，则是天才的考察方式，是在艺术上唯一有效并且有益的考察方式。亚里士多德所采用的就是天才的考察方式，而柏拉图所采用的就是完全遵循充足根据律的考察方式。

考察方式的不同，这也使天才和凡人表现出区别，天才很难在表象中得到满足，这种人很少，所以他们找到同类的概率也更低；而凡人就很容易在眼前的现象中得到满足，并且到处都有和他们相类似的人物。

人们曾以为想象力是成为天才的前提，有时甚至把想象力和天才看作为一种事物。前一种看法是对的，后一种则是不对的。既然天才作为天才，那么他只能在世界及其一切恒存的、基本的理念中考察问题。在他看来，理念必然是直观的而不是抽象的，而想象力则是一种非常抽象的东西。

当然，天才离不开想象力，那么如果不是想象力把他的思维能力延伸到他个人的经验之外，那么天才的认识就会局限于那些实际出现于他本人之前的一些客体的理念了，这就和凡人没有什么两样了。

人们能够用两种相反的方式考察一个实际的客体，一种是那纯客观的，天才般地掌握该客体的理念；一种是一般通俗的，仅仅只在该客体按根据律和其他客体，和本人意志所发生的关系中进行考察。与此相同，人们也能够用这两种方式去直观一个想象的事物。用第一种方式考察，这想象事物就是认识理念的一种手段，而表达这理念的就是艺术；用第二种方式进行考察，想象的事物是用以建造空中楼阁的。这些空中楼阁是和人的私欲、人的志趣相投的，有一时使人迷恋和心旷神怡的作用。不过这时人们从这些联系在一起的想象之物所认识到的通常只是它们的一些关系而已。从事这种玩意儿的人就是幻想家。他很容易把他那些用以独个儿自愉的形象混入现实而因此成为在现实中不能成功的人。他可能还会把他这些幻想中的情节写下来，这就产生了各种各样的庸俗小说。在读者梦想自己居于小说中主人翁的地位而觉得故事很“有趣”时，这些小说也能够让那些和作者类似的人物乃至广大群众得到消遣。

这种凡人，大自然的产物，每天出生数以千计的这种普通人，是断不可能持续地进行那种纯粹直观的认识，他们总是将注意力放在那些对他们的意志有着某种关系，哪怕只是一种很间接的关系的事物上面。凡人要求的永远只是对于关系的认识，而这个世界中，事物的抽象概念又已足够应用，所以凡人也就无暇在纯粹直观中流连，而只是迅速地在呈现于他们眼前的一切事物中寻找概念，以便把该事物置于概念之下。一旦找到，也就说明他对此事物失去了兴趣。因此，他会对一切事物，对艺术品，对美的自然景物，以及生活中的每一幕中本来随处都有意味的情景，走马观花似地浏览一下仓促了事。他可不会流连忘返。他只找生活上的门路，最多也不过是找一些有朝一日可能成为他生活的门路的东西，也就是找最广义的地形记录。

天才则相反，在他一生的一部分时间里，他痴迷于对生活本身的观察，努力掌握每一事物的理念，对于每一事物与其他事物的关系他没有兴趣。于是，他经常忽略了对自己生活道路的考察，在大多数场合，他走上的这条道路在外界看来绝对是够笨的。一个人的认识能力，对普通人是照亮他生活道路的灯火，对天才人物，却是普照世界的太阳。

这两种如此不同的透视生活的方式甚至还可在这两种人的相貌上看得出来。一个人，如果天才在他的脑子里生活并起作用，那么这个人的眼神就很容易把天才表现出来，因为我们可以从罕有的几个天才，大自然在无数千万人中不时产生一两个天才，他们的头部画像中看到。与此相反，其他人的眼神，纵使不像在多数场合那么迟钝或深于世故而寡情，仍很容易在那种眼神中看到观审态度的真正反面。因此，天才的表现，就是在面相上所呈现出来的对于欲求有一种断然的优势，也就是对于欲求没有任何关系，即纯粹认识。与此相反，在一般的面相中，欲求是最突出的表现，人们会看到认识是由于欲求的推动才进入活动的，所以认识的活动也仅仅是对动机而发的。

既然天才的认识或对理念的认识是不遵循根据律的认识，相反，遵循根据律的都是在生活中给人带来精明和审慎的认识，也是把科学建立起来的认识。那么天才人物就免不了有一些缺点，随这些缺点而来的就是把后面这一种遵循根据律的认识方式忽略掉了。不过就我要阐明的这一点来说，还要注意一个限度，即我所讲到的天才人物只是真正沉浸于天才的认识方式中而言，并且只以此为限。但这决不是说天才人物在这一生中每一瞬间都置身在纯粹的直观中。因为要摆脱意志进而掌握理念需要自身的神经高度紧张，天才的这种活动虽是自发的，但也需要松弛，并且在每次紧张之后都要有长时间的间歇。在这些间歇中，天才和普通人大体上都是相同的，因此，人们把天才在高度紧张时所起的作用看作灵感，而只要是灵感就绝不是每时每刻都有的。

天才人物都不愿把注意力集中在充足根据律的内容上，这首先表现为对数学的厌恶。因为数学考察的是研究现象的最普遍的形式——时间和空间，而时间与空间本身又不过是充足根据律的两个形态而已。同时用逻辑方法来处理数学问题也是和天才的兴趣相左的。因为这种方法只是单纯按照充足根据律的一些形式而进行一些推论连锁，这不仅将对于事物的真正感受遮盖掩埋，同时无法使人获得满足。经验也证明了艺术上的伟大天才在数学上往往没有什么成绩，也从来没有一个人能在这两种领域内同时获得成就。例如歌德在提出色彩学说时，就曾因缺乏数学知识而被那些反对他的无知之徒进行过多次指责。同理，还可说明一个众所周知的事实，杰出的数学家对于艺术美往往也没有什么感受力。

最后，直观的认识和理性的认识或者抽象的认识在根本上都是相对立的，在前者范围内的始终是理念，而后者却是认识根据律所指导的。大家知道，人们很难发现伟大的天才能够和突出的凡事求合理的性格配在一起。事实却相反，天才人物每每要屈服于剧烈的感受和不合理的情欲之下。然而这种情况的原因不是理性微弱，而一面是由于构成天才人物的整个意志现象有着不同寻常的特殊精力，要从各种意志活动的剧烈性中表现出来；一面是通过感官和悟性的直观认识对于抽象认识的优势，因而有断然注意直观事物的倾向，而直观事物对天才的人们所产生的那种极为剧烈的印象又大大地掩盖了暗淡无光的概念，以至指导人们行为的已不再是概念而是印象，天才的行为也正是由此而成为非理性的了。

因此，眼前的印象对于天才来说是极强有力的，天才常不假思索而陷入激动与情欲的深渊。由此，由于他们的认识已部分摆脱了对意志的服务，他们也会，完全就会在谈话中不那么注意谈话的对方，而只是特别注意他们所谈的事，生动地浮现于他们眼前的事。因此，就他们自己的利害来说，他们的判断或者叙述也就会过于客观，一些最好不用说出来，含糊反而更为聪明的事，他们也都要明朗的说出来，如此等等。最后，他们还因此喜欢自言自语，并且也常表现出一些近似于疯癫的弱点。天才的性格和疯癫有着相互为邻的一条边界，甚至有时候相互交错，这就是为什么很多人屡次指出的将诗意盎然的兴致称为一种疯癫。薄朴也说："大智与疯癫，诚如亲与邻；隔墙如纸薄，莫将畛域分。"

我再从另一方面来谈谈，我曾发现个别精神病患者具有不可忽视的特殊天赋，他们的疯癫中也具有某种超乎常人的能力，只不过疯癫已经占据了上风，所以这些人不能给人类提供更多有益的东西。而天才则能给人类带来许多益处，他们在精神上似乎有优越性，很多时候这些优越性也会表现的疯狂起来。这样看来，好像人的智力每一超出通常的限度，作为一种反常的现象就已有疯癫的倾向了。

无数研究证明，疯人能正确认识个别眼前事物，也能认识某些过去的个别事物，可是错认了其间的联系与关系，因而发生错误和胡言乱语，那么这也正是疯人和天才人物之间的接触点。因为天才的个体也是抛弃了事物关系，也就是不再遵循根据律的关系来认识事物，他们在事物中只是寻求理念，以便掌握理念在直观中呈现出来的真正本质。就本质来说，一个东西就能代表它整个这一类的东西，所以，歌德也说："一个情况是这样，千百个情况也是这样。"天才人物也是在这一点上把事物联系的认识置之于不顾的。他静观中的个别现象或是过分生动地被他把握了的"现在"显得格外明显，以致这个"现在"所属的链锁上的其他环节都因此退入黑暗而失色了，在这个时候，恰好产生一些现象，和疯癫现象有着近似性。

凡是在个别现成事物中，只要是不完美的，以及由于各种规定限制而被削弱了的东西，天才的观察方式都能够将其提升为那些事物的理念，成为完美的东西。因此他到处都只看到极端，他的行为也正因此而陷入极端。他不知道如何才是恰当的分寸，他缺少清醒的头脑，结果就是刚才所说的。他完完全全只认识理念，但他却不能以这样的方式去认识个体。因此，如人们所指出的那样，一个诗人虽然能够深刻而彻底地认识人的理念，但他对于那些具体的人却认识不够，他很容易受骗，在狡猾的人的手里他只是被人捉弄的玩具。

三十七

根据我们前面的论述，我们明白，之所以会出现天才，是因为这些人已经超脱出充足根据律的束缚，从而从本质上认识了理念。也就是说，天才能够摆脱认识时的个体性，成为了一个纯粹的主体。这种能力不仅天才有，凡人也会有。就如同凡人虽然不能创造艺术品，但却有能力欣赏艺术品一样。在凡人身上是存在一些这种能力的，他们也能因此而感受到一些壮美的事物。因此，没有一个人天生是毫无艺术感的，在事物中认识其理念的能力，是所有人共有的。

天才之所以会超出一般凡人，就因为他们对于理念的认识具有持续性和深入性，这使得天才在认识时能保持一种冷静的观照能力，这种能力是天才把他认识了的东西又在一个别出心裁的作品中复制出来所不可少的。这一复制就是艺术品，通过艺术品，天才把自己的理念传达给了别人。因为理念和艺术品融合的过程中，未发生任何转变，所以艺术品美感带来的愉悦，不管它是由艺术品引起的，还是直接由于纯粹直接观察自然和生活而引起的，本质上是同一愉悦。艺术品的价值就是将理念变得更为直观，更容易让凡人接受。我们之所以能够从艺术品中比直接从自然和现实中更容易看到理念，是由于艺术家在自己的作品中用我们更易接受的直观东西复制了理念，把理念从现实中剥离出来，并排除一切能够产生干扰作用的偶然性。也就是说，我们欣赏艺术品就是在透过艺术家的眼睛看世界。

至于艺术家为什么会有这种眼睛，能让他认识到事物的本质，我想这就是天才的禀赋，是先天的。但是，现在他们能够把这种天赋借给我们一用，把他们的眼睛套在我们的头上，这却是后天获得的，是艺术中的技巧方面。

因此，在前文我已用最粗浅的轮廓描绘了美感认识方式的内在本质，接下来我就要对优美壮美两者进行更详尽的哲学考察。我们将首先考察一下，当优美或是壮美使一个人感动时，会在他的内心里引起什么样的变化。至于这个人如何获得这种感动，是直接从自然，还是从生活，或是间接借助于艺术而获得的，并不构成本质上的区别，它们只不过是表面上的区别。

三十八

我们在产生美感的观察方式中发现了两种不可分的成分，一种是不把对象当作个别事物而是当作柏拉图的理念的认识，亦即当作事物全类的常驻形式的认识；另一种是不把认识着的主体当作个体而是当作认识的纯粹主体。这两个成分经常合在一起出现的条件就是摆脱基于根据律的认识方式，后者和这里的认识方式相反的，是为意志和科学服务唯一适用的认识方式。我们将看到由于审美而引起的愉悦也是从这两种成分中产生的，并且附着在审美的对象上面进行转移，或者主要从这一成分产生，或者主要从那一成分产生。

前面说过，人生因为欲求而处于痛苦和无聊之中，欲求得不到满足就会产生痛苦，欲求总是在原地踏步则产生了无聊。持久的幸福其实就掌握在欲求者的手中，我们的意识被意识所控制，而我们只能听从摆布，也就永远无法得到平静。在这个过程中，我们或是追逐，或是逃避，或是害怕灾祸，或是争取享乐，事实上这些并未有本质上的区别，都是因欲求而产生的感觉。而真正的幸福，则一定是在宁静中得来的。

不管是什么因素，突然把我们从欲求的无底洞中拉出来，当认识甩掉了为意志服务的枷锁，我们的动机不为欲求所牵引，没有主观性而纯粹客观的观察事物时，安宁也就到来了，真正的幸福也就来临了。这是一种远离痛苦、至高至善的心境，伊壁鸠鲁把它称为最高的善，是为神的心境。如果有了这样的心境，人们从狱室中，还是从王宫中观看日落，就完全没有任何区别了。

要想获得这种心境并非不可能，内在的情调，认识对欲求的控制，都能唤起这种状态。那些杰出的荷兰人给我们指出了这一点。他们把这样纯客观的直观集中于最不耀眼的对象上并用静物写生的方式为他们的客观性和精神的恬静立下了永久的纪念碑。当审美的观众看到这种纪念碑，是不能无动于衷的，因为它把艺术家那种宁静的、沉默的、退去意志的胸襟活现于观赏者之前。为了能够如此客观地观赏如此不重要的事物，为了能够如此聚精会神地观察同时又能够把这直观如此深思熟虑地加以复制，这种胸襟是不能少的。并且当画面引起观赏者对那种心境发生同感时，他的感动也往往会由于将这种心境和自己不宁静的，为剧烈欲求所模糊了的心情之对比而更加加强了。

艺术品可以使人达到这种心境，惬意的对象，美丽的自然风景，也可以将人带进这种心境当中。当那些壮美的东西在我们眼前展开时，总能将我们带进一个无欲无求的境界中去。此时，我们已不再是个体的人，而只是纯粹的认识的主体，作为个体的我们，已经在不经意间被遗忘了。此时，我们已经从个体意识中解放，由于这一解放，个体的一切区别就完全消失了，以致这只观赏的眼属于一个有权势的国王也好，属于一个被折磨的乞丐也罢，都是毫无区别的。在这种状态下，我们摆脱了一切的痛苦。

其实这个领域离我们并不遥远，但是没有人能够永久的停留在这个领域。只要这纯粹被观赏的对象离开了我们的意志，我们关于人的所有关系又重新回到了我们的意识中，这美好的幻想也就只能宣告结束了。我们又回到了根据律所支配的认识，我们就再不会认识理念，而是认识个别事物，认识键锁上的每一个环节，而我们自身也是属于这链锁中的，自此我们又开始委身于自己的痛苦之中了。

大多数人，由于他们不是天才，所以往往不喜欢独自和大自然在一起，他们总需要有人陪伴，至少也要有一本书。他们的认识已习惯为意志服务，所以他们不能长时间脱离对象，因为他们要听从意志的安排在对象上寻求这对象与他们的意志有什么关系。但当场合不能满足他们对于这种关系的寻找时，在他们的内心里，就会发出一种不断的、无可奈何的声音——这对于我毫无用处。因此，在他们看来，在寂寞中即便是面对最优美的环境，这种环境也并不能给人带来愉悦和安慰，相反的，会随他们的内心一样充满着悲凉的意味。

当我们回忆往事时，也就是在过去和遥远的情景之上铺上一层这么美妙的幻境，使之在很有美化作用的光线之下而出现于我们之前，最后也能够产生这不带意志的观赏的愉悦。这是一种自我安慰的幻觉现象，因为我们是已经过去很久了的，在遥远的地方所经历的日子重现于我们眼前的时候，我们的想象力所召回的仅仅只是当时的客体，而不是意志的主体。这意志的主体在当时怀着不可磨灭的痛苦，和现在我们所感受到的一样。只不过这些痛苦已被遗忘了,因为自那时以来,这些痛苦就早已让位于别的痛苦了。

于是,如果我们自己能做得到,把我们自己不带意志地委心于客观的观赏,那么,回忆中的客观观赏就会和眼前的观赏一样起同样的作用。所以还有这么一种现象:当我们面对任何一种困难时,都会出现超乎寻常的担忧和惧怕,但是突然回忆起过去的和遥远的场景,那种感觉就好像一个失去的美好乐园又重新在我们眼前飘过一样。想象力所能召回的仅仅只是客观上的东西,不是个体主观的东西,因此我们就以为那客观的东西还在过去那个地方那个时间,如同现在一样,也是纯粹的,不存在意志所支配下的一切关系,而模糊的出现于我们眼前,犹如它现在在我们想象中所显现出的现象一样。但事实上在当时当地,那些客体的东西和我们的意志有关系,并为我们带来痛苦,无异于今日。

我们其实能够通过眼前的现象,如同通过遥远的对象一样,使我们摆脱一切痛苦,只要我们上升至对这些对象的纯粹观赏,并由此而能够产生幻觉,就会认为眼前只有那些对象而没有我们自己了。于是我们在摆脱了那作孽的自我之后,就会作为认识的纯粹主体而和那些对象完全合一。而现实中的那些苦难,就会像它和那些客体对象毫无相干一样,在这样的瞬间,也与我们自己毫不相干了。这样,剩下来的就仅仅只是作为表象的世界了,作为意志的世界则已消失无余了。

根据上面这些考察,我希望已弄清楚了在审美的快感上,主观条件会起到什么样的作用并占有多大的成分。所谓主观条件也就是认识从意志的枷锁之下解放出来,忘记作为个体的人的自我和意识而成为纯粹主体。和这一主观方面相对应的客观方面,就是对理念的直观把握。不过在我们更详尽地考察这一点之前,更重要的是考察作为主观方面的审美快感。在此之后，我们再从客观方面来考察以此获得全部的完整性。

但是首先下面这一点还是属于上文的。光明是事物中最受人喜欢的东西，并且光明已成为一切美好事物和多福的象征了。在一切宗教中它都是标志着永恒的福善，而黑暗则标志着沉沦。峨马磁德住在纯洁的光明中，阿瑞曼则住在永久的黑夜中。但丁所描绘的天堂，看起来有些像伦敦的佛克斯霍尔水晶宫，因为那儿的圣灵也显现为一点光点，这些光点又聚合成规则的形象。没有光明会立刻让我们忧愁，但光明一旦恢复又会立刻让我们愉快。各种色彩直接引起生动的喜悦，如果色彩是透明的，这种喜悦便会达到极致。这一切都仅仅是由于光是完美的直观认识方式的对应物和条件，而这也是唯一的绝不会直接激动意志的认识方式。视觉不同于其他官能的感受，自身也不可能直接地或通过视觉的官能效果而在器官上产生适与不适的感觉，就是说和意志没有什么直接联系，而只有在悟性中产生的直观才能有这种联系，那么这种联系也就是客体对意志的关系。

听觉就更加不同了，声音能够直接引起痛感，并且也可以直接导致官能上的快感，而并不涉及谐音或音调。触觉，作为和全身的感触相同的东西，那就更要服从意志所受的这一直接影响了，不过同时还存在一种无痛的和无快感的触觉。至于嗅觉则经常是合适的和不适的，味觉更然。所以最后这两种也是和意志关系密切的感官，从而也是最低级的，康德称之为主观的感官。

光是最纯粹的、最完美的直观认识方式之客观的可能性，因此对于光的喜悦，在事实上就是对于这种客观性的可能性的喜悦。并且作为这样的喜悦就可以从纯粹的、由一切欲求解放出来的、摆脱了欲求的认识，这一最可喜的事实中引申出来。而作为这样的东西就已经在审美的快感中占有很大的地位了。从对于光的这一看法中，我们也可以推论出我们何以认为事物在水中的反映有难以置信的高度的美。通过视觉我们发现了物体之间最轻易、最快速、最精微的相互作用方式，这种功劳不在于我们在最大程度上的最完美、最纯粹的知觉，而在于借助光线的反射作用。在这里这种作用完全清楚地、一览无余地、完善地，出现在原因和后果中，并且是完完整整地摆在我们眼前。因此我们在上面会有美感的喜悦，而这种喜悦的根子主要地并且完全地存在于审美的快感的主观根据中。从而这种喜悦也就是对纯粹认识及其途径的喜悦。

三十九

上面所有这些考察都是为了重点说明产生审美的快感的主观方面，就是说这快感和意志相反，是对于单纯的、直观的认识本身的喜悦。这其中还包括我们下面要考察的，与此直接相关的，被人们称为壮美感的那种心情。

我们已经知道，进入纯粹直观的状态不仅和主体相关，还和直观的对象有关。也就是说，当我们所观察的对象更壮美的时候，我们才有可能进入到纯理念的世界里。而就客观意义说，美就存在于这些理念之中，即为对这些复杂而又清晰的形态的感知。优美的风景就有这样的作用，任何人在面对美丽的大自然时，都能够或多或少的感受到愉悦。

在大自然中，植物的绚丽多姿吸引着人们的目光，似乎是强加于我们一般，这会给我们这样一种感觉，这些植物似乎十分着急地要把表象转化为意识！这一点在植物界需要特别注意。当我们把服从意志的关系性认识转向审美观照时，我们会将自身作为认识上的纯粹主体，如果产生这种作用的是大自然，那么，对我们起作用的也就只是美，而被激发起来的也就是美感。

可是，如果这些对象和意志产生了敌对关系，在气势上面严重威胁到意志。这虽然不至于引起争斗，只是作为认识的纯粹无意志的主体宁静地观赏着那些敌对的对象，但是此时也产生了一种不一样的感受——壮美感。所以，壮美感和优美感的不同就是这样一个区别，如果是优美，由于审美对象本身的强大，纯粹认识很容易就能够达到，认识可以轻易摆脱为意志服务的责任，客体的美不用经过意志的斗争就占据了认识主体，使意识成为认识的纯粹主体；壮美则与此相反，那种纯粹认识的状态需要有意地、强力地挣脱掉该客体对意志那些被认为不利的关系，这种获得并不像优美那样容易。意识不仅肩负着获得这种超脱的状况的任务，同时还肩负着保存该状况的责任。如果在此时有实际的、个别的意志活动进入意识，那么，已经被激发起的个人意志就会立即赢得上风，观照时所需要的宁静就变得不可能，壮美的印象也会立即消失。

在主要的决定因素上，也就是在纯粹的、不带意志的认识上面，壮美感和优美感是相同的。它们二者的不同之处就在于一个补充规定，即被观审的对象与意志的关系不同。也正是由于这个关系在程度上的差别，才产生了壮美的强弱差异，以及从优美到壮美的过渡。我认为在说明上更适当的方法是首先把这种过渡和程度较微弱的壮美印象用例子显示出来，虽然那些对于美的感受力不太强而想象力又不生动的人们来说，只会了解后面那些有关程度较高、较明晰的壮美印象的例子，他们本可以只注意后面那些例子，对于这里要先举出的那些有关程度极微弱的壮美印象的例子，则可以听之任之。

人一方面是欲求的激烈而盲目的冲动,同时在另一方面又是纯粹认识永恒的、自由的、开朗的主体,那么,和人只有这两方面的对立一样,并和这种对立相应,太阳同时也是光的源泉,是得到最完美的认识方式的条件的源泉,因而也是事物中最可爱的东西,同时又是温暖的源泉,也就是有生命的、较高级别上的意志现象的第一个条件的源泉。因此,温暖之于意志,就等于光之于认识。所以光具有的价值正是相当于"美"的王冠上最大的一颗钻石,对于每一种美的对象的认识是最有决定性的影响的。光从根本上说就是美的不可缺少的条件,在有利的角度光还能使最美的东西变得更美。

不过尤其特别的是,和其他一切不同的是建筑艺术,建筑的美可以由于光的助力增高, 就是最不值一顾的东西也可由此而成为最美的对象。在严寒的冬季,大自然处在普遍的僵冻之中,这时我们看一看堆砌的砖石所反射的斜阳的光晖,在这里只是照明而没有温暖的意味,即只是对最纯粹的认识方式有利而不是对意志有利,于是观赏这光在砖石的建筑物上的美化作用,如同一切美一样,也会使我们转入纯粹认识的状况。不过在这里,即便只是轻微地想到那光线缺少温暖的作用,缺少助长生命的原则,这状况就已要求超脱意志的利益,已包含着一种轻微的激励要在纯粹认识中坚持下去,避开一切欲求。正是因此,这一状况就已是从优美感到壮美感的过渡了。这时优美中有着一点儿壮美的意味,最微弱的一点意味,而这里的优美本身也只是在较低程度上出现的。下面就列举一些过渡和程度较微弱的壮美印象的例子。

假如我们进入一个很荒芜的地区,在完全无云的天空下,在凝固了的空气中树木和植物纹丝不动,没有动物,没有人,没有流水,没有任何活动着的东西,只是最幽静的肃穆。那么,这种环境就相当于是一个转入严肃、进入观赏的号召。单是这一点就已赋予这荒芜幽静的环境一些壮美的色彩了。因为这种静止的环境无法给意志提供任何对象，不管是有利的或不利的对象，所以就只剩下纯粹观赏的状况了。这里所描写的环境就是低度的壮美孕育的场所。

现在让我们把这种环境中的植物全部去掉，只留下裸露的岩石。这样，由于完全缺乏我们保持生存所必要的有机物，意志会自然地感到威胁，会立刻觉察到这种环境的毫无生机的可怕气氛，我们的心情也会立即进入一种悲凉的氛围。这时若要上升至纯粹的认识需要观察者经过更坚决的斗争，于是在这种环境中，壮美感就会提升至一个更加明显的程度上。

试想产生更高程度的壮美感的环境：大自然在飙风般的运动中，天色阴沉不定，天空乌云密布、山雨欲来，赤裸裸的、奇形怪状的巨石悬岩林立，重重叠叠挡住前面的视线，汹涌澎湃的、泡沫四溅的山洪呼啸而来。在这种环境中，我们就可以直观地、形象地看到虽然我们的意志被这种可怕的气氛所笼罩，但我们作为观察者仍然在和敌对的自然作斗争。然而只要我们继续着美的观赏，那么，认识的纯粹主体就仍然能在那些对象上把握理念。也正是在这种可怕的环境和宁静的心境两者的对照中，壮美感才能孕育而生。

如果环境变化得更加对立，我们还可以产生程度更强的壮美感。譬如在上述环境中悬河下泻，水声翻腾喧嚣，震耳欲聋，使我们不可能再听见自己的声音了。或者是当我们在辽阔的、被飓风激怒了的海洋中时，看到几层房子高的巨浪此起彼伏，猛烈地冲击着岸边的岩石，水花高溅入云，看到狂风怒吼，海在咆哮，乌云中电光闪烁而雷声又盖过风暴和海涛之声。于是，在观察这一幕景象而不动心的人，他的双重意识便达到了明显的顶点。他觉得自己一面是个体，是偶然的意志现象，那些自然力轻轻一击就能毁灭这个现象，在强大的自然面前他只能束手无策，不能自主，生命全系于偶然，而对着可怕的暴力，他是近乎消逝的零；而与此同时，他又是永远宁静的认识的主体，作为这个主体，他是客体的条件，也正是这整个世界的肩负者，大自然中可怕的斗争只是他的表象，他自身却在宁静地把握着理念，自由而不知有任何欲求和任何需要。这就是完美的壮美印象。这里是由于看到威胁着生存的，无法比较的，胜于个体的威力而造成这个印象的。

上面的这种我们可以称之为动力的壮美。而在完全不同的方式之下，通过想象空间的辽阔和时间的悠久也可以产生壮美印象，辽阔悠久，无穷无尽可使个体缩小至无物。但这与动力的壮美不同，被称为数学的壮美。

当我们沉溺于观察世界在空间和时间上无穷的辽阔悠久时，当我们深思过去和未来的若干千年时，或是当夜间的天空把无数的世界真正展现在我们眼前，因而宇宙的无边无际直印入我们的意识时，我们就会觉得自己会缩小至无物，觉得自己作为个体，作为活的人身，作为无常的意志现象，就像是沧海一粟似的，在不断消逝，在化为乌有。但是同时又有一种直接的意识起来反抗我们认为自己渺小的这种想法，反抗这种虚假的可能，就是使我们意识着的所有这些世界只存在于我们的表象中，只是作为纯粹认识的永恒主体所规定的一些形态而存在。

而我们只要忘记自己的个体性，就会发现我们便是那纯粹认识的永恒主体，也就是一切世界和一切时代所必需的，作为先决条件的肩负人。原来使我们不安的辽阔世界，现在已在我们心中了。我们对于它的依存已由于它对于我们的依存而消失殆尽了。然而这一切却并不是立刻进入反省思维的，开始的时候只是作为一种感到的意识而出现，意识着在某种意义上人和宇宙是合一的，因此人并不是由于宇宙的无边无际而被压低了，相反的却是被提高了。这正是那感到的“意识”意识到了的“一切天生之物总起来就是我，在我之外任何其他东西都是不存在的”。这就是超然于本人的个体之上，就是壮美感。

其实，数学的壮美产生的条件十分简单，只要有这么一个空间，当然这空间肯定是不能与宇宙空间相媲美的，但当我们完全直接地融入其中，去感知这种空间时，它就会以三维空间的形式对我们起作用，能让我们感到自己身体是多么的渺小，这时我们就能直接地获得数理壮美的印象了。这就好比我们走进极高大的圆顶建筑物的时候，例如罗马的圣彼得教堂，或伦敦的圣保罗教堂，都会产生这种效果。这里之所以产生壮美感是因为在一个广阔的空间之中不仅感到自己躯体近于零的渺小，同时又意识到这种空间只不过是我们表象中的东西，这表象是因我的存在而产生的。

壮美感的产生是由于这两方面的对比，一方面是我们自己作为个体，作为意志现象的无关紧要和依赖性，一方面是我们对于自己是认识的纯粹主体这一意识。就是满天星宿的苍穹，如果不是以反省的思维去思考的话，对于我们所起的作用也不过是和那砖石的圆顶建筑一样。在这里起作用的不是天空真正的广阔无垠，而只是其表面上显出的广阔无垠。我们直观的一些对象之所以引起壮美印象既是由于其空间的广大，又是由于其年代的久远，也就是时间的悠久，而我们在这种广大悠久之前虽感到自己近于零的渺小，然而我们仍能饱尝观赏这种景观的愉快。属于这类对象的是崇山峻岭，埃及的金字塔，还有远古的巨型废墟等。

是的，我们对于壮美的说明还可移用到伦理的事物上，也就是用于人们的崇高品德上。这种品德的产生，也是由于对象本来是适于触动意志的，然而意志竟不为其所触动，这里也是认识占了上风。那么这样的人物就会纯粹客观地观察世人，而不是按这些人对他的意志有什么可能的关系来看他们。譬如说他会察知世人的错误，甚至看到他们对自己的憎恨和不义，但是在他那方面并不会因此而被激起憎恨，他会看到他们的幸福但并不感到忌妒，他会承认他们有优良的性能但不希望和他们有更亲近的关系。他自己的不幸和幸都不会剧烈影响他，因为有崇高道德的人很少关注自己的幸与不幸，他所注意的大多是整个人类的命运，而很少注意到自己个人的命运，从而他对这些事的态度认识也就多于感受。

四十

因为相反的事物可以互相印证，所以在这里，我们来谈一谈与壮美所对应的一种美——媚美。我所理解的媚美是直接对意志作用，使意志获得满足而激动意志的东西。

壮美感的发生是要将一个直接不利于意志的对象转变为纯粹观赏的客体，同时又能不断避开意志本身，并超然于意志所关心的利害之上获得一种直观的观赏，从而构成壮美的情调。与此相反，媚美却是将审美者从纯粹观赏中拖出来，因为媚美是直接迎合意志的对象，这必然要触动审美者的意志，使这审美者不再是“认识”的纯粹主体，而成为有所求的、非独立的主体。

但是，在已经确定和已经阐明了的意义上，我认为在艺术的领域里只有两种类型的媚美，并且这两种都没有资格被称为真正的艺术。一种是相当鄙陋的媚美，也被称之为积极的媚美，比如在静物写生中将一些食品作为描绘对象，这些画中的食品因酷似真物又必然地引起食欲。在此同时，就会触动观赏者的意志，而这种触动就把我们在艺术上任何审美的观赏都断送了。在历史的绘画和雕刻中，媚美则在裸体人像中体现得最淋漓尽致。还有一种美是消极的媚美，比刚才阐述过的积极的媚美更糟，那就是令人厌恶作呕的东西。它们和真正的媚美一样，也因触动审美者的意志而摧毁纯粹的审美观赏。不过媚美所触起的是一种剧烈的拒绝，一种反感，其之所以能够触动意志是由于将意志厌恶的对象展示在审美者面前。

四十一

上面的考察已经使我们知道在主观方面、意志的状态方面，优美和壮美之间存在着一定的差异性。而在客体方面，优美和壮美在本质上并没有区别，它们本质上都是在该事物中的理念，也就是意志在一定级别上恰如其分的客体性。这客体性所必有的，和它一样摆脱了根据律的对应物就是认识的纯粹主体，犹如个别事物的对应物是认识着的个体的人一样，只不过个别事物和个体的人两者都在根据律的范围之内罢了。

当我们称一个对象美的时候，我们的意思是说这对象是欠审美观赏的客体，而这又包含了两方面的意思：一方面是说我们在观赏这个对象时，我们已从个体的人上升为纯粹的和无意志的主体；另一方面则是说这个对象不是作为个别事物被我们欣赏，而是作为一个理念对我们呈现。这时理念和认识的纯粹主体作为对应物将同时进入我们的意识。当二者进入意识时，一切时间上、空间上以及因果性的差别会立即消失，并且两者在这时候都完全忘记了充足根据律及其一切形态的存在，也就是说它们是在充足根据律所确立的一切关系之外的。

例如，当我以一棵树为审美对象时，事实上我并不是认识了这棵树，而是认识了这棵树的理念，至于所观察的这棵树的具体情况如何，观察者是具体的哪个人，都是无足轻重的。这时被欣赏的个别事物以及认识着的个体随着充足根据律的取消而一同消逝了，剩下来的只有理念与“认识”的纯粹主体。这两者合起来便构成意志在这一级别上恰如其分的客体性。理念并且不仅是摆脱了时间，而且也摆脱了空间，因为真正的理念并非浮现于我们眼前的空间现象，而是这现象所表现的，它的纯粹意义，它最内在的本质。并且尽管这形象的空间关系区别很大，这理念却是同一理念，没有改变。

由于我们可以对任何事物进行审美观赏，同时任何事物都是一个理念的表现，所以可以说任何事物都是美的，即便是最微不足道的事物。在现实生活中，有时候我们会说一物比另一物更美，一方面是因为不同事物对自身所属类别的理念表达的清晰度以及完善度不同，这会影响人们的审美从事物本身过渡到理念的简易程度，从而影响纯粹客观的观赏。另一方面则是因为美是事物作为客体当中的理念本身，美的不同也就是意志的客体性的级别不同，所以级别高的会更有意义，意蕴更丰富，呈现出来也就更美。所以，人比其他一切都要美，而显示人的本质就是艺术的最高目的。人的体态、人的表情是造型艺术最重要的对象，就像人的行为是文艺的最重要对象一样。

但我们要承认的是，世界上任何一物都有自己独特的美。因为所有事物都显示理念，即便是最低级别，意志也会通过这些理念而自行客体化，从而谱出大自然最低沉的、余音袅袅的低音符。重力、固体性、液体性、光等都是表现在岩石中、建筑物中、流水中的一些理念。风景园艺和建筑艺术除了帮助岩石、建筑物、流水等明晰地、多方面地、完备地展出它们独特的属性，为它们提供机会以便纯洁地展示它们自己以外，不能再有所作为了。不过它们也因此得到了被人们作为审美的对象的机会，从而减轻了鉴赏的困难。

与此相反，即使是不好的建筑和景物，或是大自然忽略掉了一切不美的东西，普遍基本理念在它们那里也不可能完全消失掉。在这里基本理念还是要奋力地召唤自己的观察者，正如即使是不好的建筑物以及诸如此类的东西也还可以作审美的对象，它们那些物质最普遍的属性的理念还可在它们身上看得出来，只不过鉴赏比较困难而已。

同样工艺品也是用以表达理念的，不过从工艺品中表达出来的并不是这工艺品的理念而只是这工艺品的材料的理念。在经院学派的语言中，工艺品里表现出来的是其实体形式的理念，而不是其偶然形式的理念，而后者这一形式并不导向什么理念，而只是导向这形式所从属的一个属于人的概念。不言而喻，我们这里所谈的工艺品根本就不是针对造型艺术的作品而言的。此外，经院学派在实体形式这一词中所理解的，实际上就是我所谓意志在一物中客体化的程度。

四十二

我现在再回头来讨论美感的印象。对于美的认识固然总是把纯粹认识的主体和作为客体而被认识的理念规定为同时的，不可分的，不过美感的来源时而更在于领会已认识到的理念，时而更在于纯粹认识摆脱了欲求，从而摆脱了一切个体性和由个体性而产生的痛苦之后的愉悦和恬静。这两个来源究竟哪个在每一次具体的欣赏中占有优势，起决定性作用，要看被欣赏的理念是意志客体性的较高级别还是较低级别。

所以，如果在无机物、植物和建筑艺术中鉴赏自然美，那由纯粹无意志的认识而来的美感就会占据优势，因为这里领会到的理念只是意志客体性的下层级别，从而也不是意味深长和含义丰富的现象。与此相反，如果动物或人是鉴赏的或艺术表现的对象，那美的享受就会偏重在这些理念的客观体会之中。理念在此是意志的最明晰的表出，因为动物和人展现出了最复杂的形态，展现出了现象的丰富和深长意味，并且是最完整地给我们展现出了意志的本质。

四十三

物质若要仅仅根据物质论就想表现出一个理念，是不可能的。因为物质，如我们在第一篇中已看到的那样，彻底只是因果性。它的存在也全是些作用。可是因果性只是根据律的形态，而理念的认识则相反，基本上排除了这条定律的内容。在第二篇里我们又看到物质是理念所有一切个别现象的共同基质，从而又是理念和现象或个别事物之间的联系。所以物质本身，无论是从第一理由还是后一理由，物质都不能表现出一个理念。

这一点也可这样表述，即是说我们对于这样的物质根本不可能有一个直观的表象，而只可能有一个抽象的概念。但唯有在表象中才能有形状和属性的展出，同时承载形状属性的是物质，所以在这一切形状属性中才有理念的显出。这和因果性的事实相符，因为因果性本身也无法加以直观的描述而只是某种因果联系。在另一面则相反，一个理念的每一现象，因为这种现象既已进入根据律的形式和个体化原理中，所以必须在物质上作为物质属性而把自己展示出来。所以在这一点上，物质是联系理念和个体化原理的环节，而个体化原理就是个体的“认识”的形式，或者就是根据律。

因此，柏拉图认为在理念及其现象，即个别事物之外，这两者可包括世界上一切事物，仅仅就只有作为第三者而不同于这两者的物质是完全正确的。个体作为理念的显现，永远是物质。物质的每一属性也永远是一个理念的显现，并且作为这种显现也就可以加以审美的鉴赏，而鉴赏就是认识现象中表出的理念。这一点，即令是就物质最普遍的属性来说，也是有效的。没有这些属性就决不能称其为物质，而这些属性的理念就是意志最微弱的客体性。这样的属性包括：重力、内聚力、固体性、液体性、对光的反应等。

现在我们首先来考察建筑艺术的美。建筑艺术的存在目的就是为了使诸如重力、内聚力、固体性、硬性等理念可以有更明晰的直观，并且重力和固体性之间的斗争是建筑艺术在审美题材方面唯一的表现。其斗争的方法就表现在通过改变这些力原本最短的途径，而采用一种迂回的途径撑住这些力。重力和固体性之间的斗争本身就存在，但采取这样的方法会将这种斗争的时间延长下去，从而使两种力在不同的方式下被观察。换句话说，建筑艺术就是不许重力直接被满足而只能间接满足，迂回曲折的满足才出现的。比如说横梁就是通过改变它的重力表现形式，将原先任其自然地放在地面上改为借助于直柱间接地落到地面上。这样由于直柱的阻碍，隐藏于横梁中的重力就会以最明晰地、多样化地形式显露出来。

因此，一个建筑物，就是通过各种结构的相互支撑，让各种力的斗争显著地表现出来，从而产生美感，表现出美。真正的建筑艺术，每一部分所承载的力都恰好是它所能胜任的，每一部分所处的位置又恰好是在它必需的地方，然后在组成建筑的顽石的生命力或其意志表现的固体性和重力之间所构成的相反作用，会使这一斗争表现出最完整的可见性，意志客体性的最低级别也会鲜明地显露出来，从而产生美。因为建筑艺术的这些理念是意志客体性最低级表现，因此建筑艺术展示给我们的客观意义也很微小。

建筑艺术的作品对于光还有一种特殊的关系，这些作品在充分的阳光中，以蔚蓝的天空为背景，便可获得双重的美，而在月亮之下又表现出完全另一种效果。因此在营造一座建筑艺术的作品时，总要特别顾虑到光线的效果和坐落的方向。这一切的根据固然大部分是在于只有明朗的、强烈的照明才能使建筑物的一切部分及其关系得以看得充分明白，不过此外我还认为建筑艺术注定要显露的自然是重力和固体性，同时也还有与这两者相反的光的本质。即是说在光被那巨大的、不得透视的、界限分明的和形态复杂的庞然大物所吸收、所阻挡、所反射的时候，光仍旧可以最纯洁地、最明晰地展出其本性和一切属性，而这样就会使鉴赏者大大受益。因为光，作为最完美的直观认识方式的条件和客观方面的对应物，是一切事物中最可爱的东西。

人们在欣赏建筑艺术时，所享受到的与其说是把握了理念，不如说是在把握理念时产生的对于主观对应物方面的认识，也就是说欣赏带来的享受主要是鉴赏者在看到建筑物时，摆脱了为意志服务的、服从充足根据律的个体的认识方式而上升为纯粹的、不带意志的认识主体，从而从欲求和个性的一切痛苦中解放出来。就这一点来说，和建筑艺术对立的那一极端，由各种艺术组成的系列就是戏剧了。戏剧能使那些最重要的理念进入认识的领域，因此在戏剧的欣赏中客观的那一面就会占压倒性的优势。

建筑艺术和造型艺术，与文艺的区别就在于建筑所提供的不是实物的形态，而是实物自身。和造型艺术，文艺不一样，建筑艺术不是复制被认识了的理念。在复制中是艺术家把自己的眼睛借给观众，在建筑上艺术家只是把客体对象好好地摆在观众面前，在他使那实际的个别客体明晰地、完整地表出其本质时，就会使观众更容易把握理念。

建筑艺术的作品，很少是纯粹为了审美的目的才存在的，并且审美的目的往往附属在实用目的之下。因而建筑艺术家的成就就在于尽管审美的目的不是最主要的，但只要能坚持，就一样会达成审美的目的。这是由于每一个建筑艺术家都能够巧妙地用多种方式使审美的目的配合每一个实用目的而出现。

但是有一点需要注意,实用目的的要求越严格,审美目的就越难以实现。在属温带气候的印度、埃及、希腊和罗马这样一些国家里,建筑的实用目的就会模糊一些,规定也要松一些,建筑艺术就可以最自由地追求审美的目的。而在属寒冷气候的北欧一些国家中,建筑艺术的审美目的就要大受限制了,这里的建筑基本要求的都是尖顶的塔楼。建筑艺术既然只能在很狭窄的范围内展出其特有的美,就需要更加借重雕刻的装饰了。建筑艺术在这种情况之下,虽然在审美性和功利性两方面的要求下都受到很大的限制,但也正是这种限制使建筑艺术能大放光彩,存留至今,尤其是功利性起了重要作用。因为建筑如果不同时具有实用性,那么,以其工程的浩大和经费的庞大,它就根本不可能作为纯粹的艺术而保存到今天。

还有一种艺术就是风景美的水利工程,虽就审美观点说完全可以和建筑艺术并列,然而因为缺乏上述那些实用方面的意味,我们就不能把这种艺术和建筑艺术列为姊妹艺术。在建筑艺术上,重力的理念则是和液体性,也就是和形状不定性、流动性、透明性为伍的,两种艺术都是为同一理念服务的。从悬岩之上倾注的巨流,咆哮汹涌,有飞溅着的瀑布,静穆幽闲,有水柱般高耸的喷泉和明镜般的湖水等等,其显示沉重液体物质的理念恰和建筑物显露固体物质的理念是一样的。但风景美的水利工程不能从实用的水利工程方面获得支援。因为两种水利工程的目的一般是水火不相容的,只在例外的场合才可以合二为一,罗马的特莱维人工瀑布即其中一例。

四十四

上面两种艺术为意志客体性的最低级别所作的，在一定范围内也就是审美的园艺学为植物界的较高级别所作的。通常来说，一个地方的风景是否优美取决于两方面因素，一是聚集在那里的丰富多彩的自然对象，另一个则是具有明确分类的对象进行了恰当的生态关系而显现出来的变化。园艺的美可以说就是致力于这两个因素，然而，园艺不能像建筑艺术那样可以自由掌握自己的材料，因此园艺的效果比较有限，它所展现的美几乎完全是由第一方面的因素来构成，也就是依靠自然对象本身来展现美，因为园艺本身很难就对象的变化来产生美。如果天公不作美，园艺就很难展现出美；如果自然不留情而是帮倒忙的话，那园艺的成就也就更加微不足道了。

不仅是园艺的美，包括自然界的美，比如植物界，静物写生中和画里面的建筑物、废墟及教堂，这些对象产生的美主要是主观方面在起作用。我们不是因为看到这些客观对象而产生美感，而是透过艺术家的眼睛看到了与这些对象相对应的主观对应物，进而进入欣赏时的纯粹无意识认识状态，与此同时进入了一种宁静隽永的境界，意志在此时完全沉默，我们眼前也就自然而然产生了美感。

真正的风景画其实也属于这一类型，不过因为风景画展现的理念是意志客体性较高的级别，所以理念包含了更多的意义，表现力也更为强大一些，当产生美感的客观因素增强，差不多和主观因素获得了同等重要的地位，因此主观因素在这里已不再起决定性作用，取而代之的是纯粹无意识的认识成为美感产生的主要方面了，被认识了的理念，作为表象的世界在意志客体化更显著的级别上以同等的力量起作用。然而动物画和动物雕刻所展现的美感是一个比风景画还要高的级别。从古代遗留下来的动物雕刻，如埃尔金浮雕、佛罗伦萨的铜马、大理石马和梵蒂冈的动物雕刻等，在这些作品上，产生美感的客观方面较之主观方面就会占有明显的优势。因为当我们欣赏这些动物雕刻时，意识并没有进入宁静的状态，所以我们不是因为纯粹无意识的认识而对这些动物雕刻产生美感。

相反，由于动物雕刻所展示的意志很强烈，我们会被触动或感动。这个意志通过荒诞离奇、粗犷凶猛的线条被明显地展示出来，我们的视线很容易就能把握住这种感觉，认识到丰富多彩的理念，因此美感也就产生了。动物雕刻所展现出来的生动理念要比植物画显示的明显得多，不仅仅通过形态显示，在行动、姿势、体态中都能明显感受到，虽然这动物雕刻所展现的只是种类的特征而不是个性的特征，但这也足以使产生美感的客观因素占据上风，成为产生美感的主要方面。

我们在这种显示中，会看到意志会以各种程度和不同的方式显露，但在之前我们已经说明在一切生物中只是同一个意志在起作用，这意志所欲求的也只是同一个东西，所以我们可以说意志会因为不同的条件而显示为不同的形态，展现出千变万化的样子。

四十五

无论是建筑艺术，还是园艺、风景画、动物雕刻，都不如故事画和人像雕刻能直接地、直观地把意志可以在其中将达到最高程度客体化的理念表达出来。对欣赏产生最大影响的是人的客观性，而主观方面则早已退居幕后。此外要注意的是，在绘画动物的过程中，那些最能表现出狮、狼、马、绵羊、犍牛等动物特征的东西也就是画中最美的部分，在这里特征和美是同一的。因为动物只有族类特征而没有个别的特征。而艺术在表达人的时候，不同种族的特征和个体特征不得不分开，艺术创作的难点也就在于此，即如何把这两种东西有机的结合到一起。

人的美是一种客观的表现，这种表现标志着意志在其可被认识的最高级别上，最完美的客体化上，根本是人的理念完全表出于直观看得到的形式中。尽管人的美在客观上是毋庸置疑的，但作为美在被观赏的时候，仍然离不开主观。并且人的美能够迅速使我们进入审美的直观，被美感所控制，使我们超越自身，超然于一切使我们感到痛苦的事物之上。在这状态中，只要美感存在，我们的人格、我们的欲望以及所有的痛苦，都会消失。然而，自然是如何创造了具有美感的人的形象，我们可以这样来说，当意志在这最高级别上把自己客体化于一个个体中时，由于外界幸运的情况和内在自身的力量二者完美结合，使人体在战胜一切障碍和阻力之后，由各不相同的部分以一种最完美的方式结合成最复杂的系统。其中每一部分都有着一个虽从属于整体,然而又是独特的生命,而所有这些部分又恰好是在适当的方式下从属于整体,在适当的方式下互相配合,构成一个和谐的整体。结果就产生了美,完整地刻画出种性来。

大自然是这样的,那艺术的美又是怎样的呢?人们大多数的意见是,艺术是模仿自然来创造美的。可是,如果艺术家不是在经验之前就有美的标准,那他如何从大自然中去寻找美呢?难道大自然曾经创造过所有一切部位都十全十美的人吗?因此,人们又认为艺术家是把分散在许多人身上的、各个不同的美的部位聚集到一起,从而凑成一个美的整体。这显然是一种颠倒的、未经思考的意见。因为在这里,人们可能又会要问,艺术家是从哪里识别恰好这一形式是美的而那一形式又不美呢?

显然,纯粹的经验是无法认识美的。美的认识总是要包含先验的部分。这种类型的先验认识,不同于我们先验意识中的充足根据律的各个形态,因为它涉及的不是现象的形式而是现象的内容,不关注如何显现,只关注显现的是什么。当我们看到人体的美时,我们虽然都能认识到这种美,但也只限于表面。但是在真正的艺术家那里,这种美是明晰的,他通过艺术表达出来的美总是超越现实的美。

因此,在艺术家的作品中,我们所看到的美其实已不是自然的现象本身,它已超越了自然。也正是因为这一点,真正的天才能够预知大自然想要表达的东西,艺术家也能明确地表达出自然想要表达的美。也就是说当他在个别事物中认识到该事物的理念时,大自然的一句话只说出一半,他就已经领会到了大自然的全意,并且能够把自然未说清的话清晰地表达出来。他把形式的美雕刻在坚硬的大理石上,并将这件艺术品拉到大自然面前,并大声向大自然喊话:“这就是你想要说的!”而从内行的鉴赏家那边传来的回声也是:“是,这就是了!”我们所有的人也只有借助于这样的预期,才可能在大自然中认识到美。这样的预期就是理念,它作为一种先验的东西,来补充大自然里客观的东西,从而对艺术具有实践意义。

艺术家对于美之所以有这种先验的预期以及评论家对于美之所以有后验性的赞赏，就在于艺术家和评论家他们自己就是大自然自在的本身，就是把自己客体化的意志。所以只有大自然能理解它自己,只有大自然才会探究它自己,而精神也只为精神所理解。认为美是由搜集部分的美相互结合在一起从而组成整体美的观念，在文艺方面有着完全与此雷同的见解。比如说在莎士比亚剧本中那么精心刻画出来的人物,都是他在自己的生活中通过细心的观察,挑选出典型,然后通过加工戏剧化而写出来的。这种看法的否定性和荒谬性到现在已没有继续分析的必要。很明显,一个天才创造出艺术品是需要对美有一种构思的预期,同样的道理,剧作家在文艺上的创作对人物特征也需要先有一定的预期,但是这两种创作都需要经验作为一种蓝本,通过这蓝本,构思的预期也就是那先验模糊的意识着的东西才能变成明晰的东西,这之后才能出现继续创作的可能性。

每个人在一定限度内表现出一种特殊的理念。因此,以表现人的理念为目的的各种艺术,不仅要表现出作为族类的特征的美,还要兼顾到表现个人特征(也可叫做性格)的美。然而作为素材要表现的性格又不能是偶然的,绝对专属于某一个人的个体的东西,而是要把性格看作人的理念恰好在这一个个体中特别突出的一个方面。只有这样的性格描写才有助于显出人的理念。

因此,性格虽是人个性化的标志,但仍然要按理念的方式来把握来描写,也就是说只有理念才能从根本上突出性格的特殊意义。个体是属于人类的,人性总要在个体中附着在个体特有的意味上显露出来。这个体特有的意味就是性格,所以既不可以用性格来取消美,也不可以用美来取消性格。以个体特征来取消族类特征便成为了漫画；而以族类特征取消个体特征，则会使艺术变得空洞无意义。因此，以美为宗旨的艺术表现总是以个别性格在某些方面把这种美（即族类特征）加以修正和限制；总要在突出整体理念的某一方面时也表现出人的个别理念。

所以我们常在古代作品中看到美不止一个，而是用好多具有不同特性的形象来表现，例如阿波罗与酒神巴克斯不同，而酒神巴克斯又与大力神赫拉克勒斯不同。并且特殊性格的方面对于美还有限制的作用，这种性格方面甚至可以表现为丑，如大醉之后的酒鬼席仑，如森林神浮恩等等。如果性格方面真正取消了族类特性，也就是到了不自然的程度，那就会成为漫画。

但和美相比，优雅更不能受到性格方面的侵蚀，不管性格的表出要求哪些姿态和举动，这种姿态和举动务必以同本人最相称的、最合目的的、最便捷的方式来完成。这一点不仅是雕刻家和画家，而且也是每一个优秀的演员要遵守的，否则也会由于姿势不正，举止扭捏而产生漫画式的形象。

在雕刻中，美的仪态依然是主要的。在感触中、激情中、知和意的互相影响中出现的精神特征是只能由面部表情和姿态表现出来的，所以最好的绘画题材就是精神特征。原来眼神的表出和色彩的运用都在雕刻的范围之外，这两种手法固然可以增加美，但对于性格的表现则更不可少。此外，美对于从几个观点出发的鉴赏会有更完整的展出。与此相反，如果是表情，是性格，从一个观点出发也能完全被掌握。

四十六

艺术的各个领域都有不同的表现美的方法。在雕刻领域，只能通过形象而不能通过声音来表现美，以声音作为表现手法的艺术完全在雕刻的领域之外，例如惊呼。如果用雕刻去表达惊呼，只能雕出一个张着嘴的试图呼喊的形象，或者是一个声音在喉头停顿了的形象。但惊呼的本质在这里得不到任何体现。可见造型艺术自身对于声音的表现完全是外行，是行不通的。即便是去表现一个惊呼的形象，也与其本质相差甚远。

与此相反，在舞台表演中，这完全是可以的。因为这样做，对于增加艺术的真实性大有裨益，这真实性也就是理念的完整表现。试想一个画出来的或石雕的发不出声音的呼喊者，要比画出来的音乐更加可笑。

四十七

美是人体雕刻的主要课题，而裸体最能体现身体的美感，所以雕刻艺术家往往偏爱裸体。但有时候身着衣裙但并不隐蔽身段时，也是可以的。雕刻利用褶裙不是用以隐蔽，而是间接地表现身段。这种手法对知性的要求很高，因为知性要透过这衣裙的褶皱直观地看到这褶皱的原因，看到身段。那么，褶裙之于雕刻，在一定意义上，就如同缩影之于绘画。两者都是示意，但不是象征的，而是这样一种示意，即在其成功时就会强制悟性把只是示意的地方当作和盘托出的来看。

在这里请容许我附带地插入一个有关语文艺术的比喻。一丝不挂的躯体最有利于欣赏美的身段，所以一个很美的人，如果他既有审美的趣味，又可按这趣味行事的话，那么他最美的时候就是不穿衣服那一刻。与此相同，如果一个人心灵美，那么在日常生活中他会用最自然的、最直接的、最简便易行的方式来表达自己的思想。

反过来，思想贫乏、思维混乱、心灵阴暗的人才会用复杂的词语来表现自己，并以此来掩饰自己的庸俗。这就像那个并不俊美而企图以服饰掩盖这一缺点的人一样，像要以极不优雅的打扮来弥补丑陋的形象一样。对于有些没有真才实学的作者，当人们强迫性的要求他用最真实的、最贴近他身份的、通篇没有任何内容的文字写作时，就会像让他光着身子走路时一样的难为情。

四十八

故事画在美和优雅之外，它以人的行动为主要刻画的对象。这就要求人的个性不能只通过形体来传达，同时还要通过人的多种面部表情和行为，以加强对人的刻画。所以人的理念必须通过特殊意味的个体才能展开，被更多的人看到，达到传播的效果。而这些带有特殊意味的个体也只能是通过多种多样的背景、故事和行为才能将人的理念展示出来。故事画就是要把这些风格迥异的生活情景，全部展现在人眼前，不区分意义大小。因为在这个完整的故事中，任何个体、任何行为，都是有意义的。人的理念就蕴含在这一切个体和一切行为中，逐渐地体现出来。因此我可以这样说，没有一种生活过程是可排除于绘画之外的。

所以如果大家先入为主地认为只有世界史上的大事或者圣经上的故事才有重大意义，或者对于荷兰派的画家，只看重他们的技巧而忽视其他方面，觉得他们只不过是画出了一些日常生活中的对象罢了，那对于这些优秀的画家就太不公平了。我们可以想一想，一个行为内在的意义与外在的意义有所不同，而且两者之间经常分离。外在的意义是指他在客观世界中所产生的后果，由充足根据律来决定；内在的意义则是指人对自己身边其他人的理解和认识。这二者可分可合。但是只有内在的意义才和艺术创作有关，外在的意义则存在于历史中。

内在和外在两种意义的发展程度无必然关系，具有重大外在意义的行为，在内在意义方面可能是微不足道的。但要明确一点，这个法则对于个体的人来说却不成立，因为一个人的行为、欲望可以在日常生活的细枝末节处表现出来，因此个人行为的外在意义可能就会具有重大的内在意义。

世界上亿万人的生活情景以及所发生的或大或小的事件，他们的困苦和欢乐都具有独特性和重要性，所以可以成为艺术家的创作素材。即使是瞬间的过眼烟云，只要经艺术家之手把握而固定于画面之上，也会在以后引起别人的相应感受，这就是绘画艺术的成就。艺术的伟大之处在于它可以把个别的东西提升为其族类的理念，好似可以让时间在艺术品的永恒中停止。

绘画艺术中，具有外在意义的历史题材通常需要内在意义作为补充。比如以历史事件作为绘画的内容，因为历史中存在的是具体的东西，而这恰恰是艺术所不重视的，所以从历史题材中寻找到的艺术性不具有任何特殊意义，艺术家只能从人或者事件的思想层面去填充。因此，具有真正艺术眼光的画家或评论家绝不会被这些构成历史性的历史题材中个别的东西所牵绊，而是重视题材中表现出来的普遍的东西，重视理念。并且也只有在主题中才可以表现出来，无须以想当然的方式为了补充场景才选用历史题材，否则名称意义和实物意义就会距离太远，在画面上想到的就会成为最重要的东西，这样就会有损于直观看到的东西。

在舞台上，已经不宜于使表现主题的剧情在幕后发生，如果在绘画中这样做，更是大错特错。历史的题材只是把画家圈定在一个不是按艺术的目的而是按任意其他目的所选定的范围中，这对于绘画显然是不利的。而绝对不利的是这个范围缺乏画意和有意味的题材。

这一类的绘画本来不能算作历史故事画之内，因为这些画大多数并不是写一种事态的过程以及行为，而只是把一些神圣人物凑到一起而已，往往是救世主自己，大半还在幼儿期，和他的母亲以及天使们等。我们在他们的面部，尤其是他们的眼神中，看到那种最完满的“认识”的表情和反映。这不是关心个别事物，而是把握了那些理念，亦即完全把握了对宇宙和人生全部本质的认识。这一认识在那些神圣人物心中回过头来影响意志的时候，就不同于别的认识，只是为认识提供一些动机，这时候它已成为消除一切欲求的清净剂了。从这种清净剂中可以产生绝对的无欲，这也是基督教和印度智慧的最内在精神，可以产生一切欲求的放弃，意志的收敛以及意志的消失，都随意志的消失而消失了，从而得到了最后的解脱。那些永远值得钦佩的艺术大师就是这样以他们的作品直观的表出了这一最高的智慧。

所以这里就是一切艺术的最高峰。

艺术在意志的恰如其分的客体性上，在理念中追踪意志，并通过一切级别，从最低级别起，开始是原因，然后是刺激，最后是动机，这样多方地推动意志展开它的本质，一直到现在才终于以表示意志自由的自我扬弃而结束。这种自我扬弃是由一种强大的清净剂促成的，而这清净剂又是意志在最圆满地认识了自己的本质之后获得的。

四十九

我们之前关于艺术的所有考察，都是以“艺术家的目的就是表现艺术对象，并且这个对象的认识是早在艺术家的作品之前就存在的”为主要依据的。这也是柏拉图所说的理念。

理念和概念二者虽然有相同之处，但也存在着非常大的差别，这是非常明显的事实。概念是抽象的，从推理中得到，任何具有理性的人都可能获得，并且只要通过词汇就能进行传达；理念则相反，它永远是直观的，虽然代表着无数的个别事物，但是自至始终是确定的，它不会被个体所认识，只能被纯粹的主体所认识。

还有一点不同的是，理念只有在特定的情况下才能传达给别人。因为这一特殊性，所以艺术作品才显得那么珍贵。可惜的是，那些迟钝的大多数人几乎永远不能理解它。犹如平民群众无法接近王侯们的左右一样。

最无风雅的人也喜欢把那些公认的珍贵艺术品当做是一种权威，但事实上，他们并不能真正理解这些艺术品，只不过是为了不暴露他们的低能而附庸风雅罢了。

在一切德行中，唯有谦逊是每一个敢于赞扬任何一个卓越人物的人，为了化解和消除人们自己无价值的愤怒，每次都要添加他的称颂之后的。事实上，谦逊是一个悖论。在获得成就之后，还要自我贬低，这不符合意志的本性。

理念是需要借助于我们直观体验的时间、空间形式才可以化分为多个“一”。概念则相反，它从多个现象还原到一个“一”，这可以称之为事后统一性，而前者则可称之为事前统一性。

我们可以用一个比喻来表示概念和理性之间的区别，概念好比一个无生命的容器，人们只能将东西杂乱无章的放置进去，而不能从中取得任何东西。理念则相反，把握了它，那么就可以在内心产生出一些表象。

由此，我们可知，概念对生活是有益的，对科学也是有用的，但是对艺术却毫无意义；与此相反，被体会了的理念则是一切艺术的核心和来源。理念，就其原始性而言，只能从世界万物中汲取，这汲取的过程也是天才对于理念的直接感受，从而创造出真正的、拥有永久生命力的作品。

正因为理念永远是直观的，所以艺术家不会在抽象中发现作品的旨趣和目标，他所把握的不是一个概念，而是一个理念。所以，如果让一个艺术家从理性的角度去分析他的作品，那几乎是不可能。艺术创作的过程是从感受出发，全凭艺术家本能的指引在工作。与此相反，那些模仿者，矫揉造作的人，艺术贩子，他们只能通过概念去创造。他们研究真正艺术品中吸引、感动观赏者的东西，并把这些进行抽象地理解，形成概念，然后进行模仿和利用。他们如同寄生植物一样，从别人的作品里吸取营养来养活自己。一切模仿者，一切矫揉造作的人都把所要模仿的作品的本质装到概念里来体会，但这概念绝不会赋予一个作品内在的生命。

每一个时代的人们因为自身条件的限制往往认识不到理念，接触最多的就是概念。因此，他们会为那些矫揉造作的作品欢呼雀跃。但他们也可能会发现，这些红极一时的作品，没几年便失去了欣赏价值。因为随着时代精神的变化，一些流行的概念也交替更换了。只有从生活中直接汲取材料的才是真正的杰作，才能和自然一样永垂不朽，常葆原始的感动力。这样的作品并不属于任何一个时代，它们属于整个人类。它们也正因此而不屑于迎合自己的时代，当下的时代对它们是冷漠的，人们也并不是由衷地接受这样的作品，因为真正的艺术是富有预见性的，它们总是会通过不同方式揭露当下时代的弊病。然而它们却能在未来的时代里永垂不朽，富有新的活力，因为未来的天才会以他们的权威为它们加冕。

五十

这里我们还要研究一下寓意画的情况。我们已经知道，任何一种艺术品都是为了传达一种理念，通过艺术品的清晰表达，使即便是感受力很低的人也能领会这个理念。所以当有人说艺术品的出现是为了表示一个概念，我们是不能同意的。理念，都是直接而十分完美地把自己表现出来的，不需要媒介，也不必用暗示。所以凡是因自身不能作为直观的对象，而要通过某种方式，要依靠完全不同的另外一个东西来示意，来当作代表的就是一个概念。寓意画虽然通过画面来进行传达，但作为艺术品，画面本身所表现的仍然是理念。但整个寓意画的目的是表现理念之外的东西，所以它总要先暗示一个概念，从而用鉴赏者习惯的方式将他们的精神理念转移到一个完全不同的、抽象的、非直观的、在艺术品以外的表象上去。所以，寓意画出现的目的已经不是艺术本身的目的了。

寓意画的意图不在于艺术本身，而是内容，使人们能够看懂想要传达的理念就足够了，因为一旦看懂，目的也就达到了。当人们看懂之后，精神就被引入另一种完全不同的表象，引到抽象概念上去了，而这就是原定的目标。因而，寓意的造型艺术实际上就是象形文字。这些象形文字，从个体而言，作为表现理念的工具仍具有其艺术价值，只不过这价值是因画面传达理念而不是因寓意才得以保有的。

在这里要重点说明的是，寓意画的画面所表现出的理念只有在忘记它的寓意时才能起作用。因为当人们一想到这画面暗示的寓意，它就离开了直观，人们的精神也就会立刻充满一个抽象的概念。也就是说，从理念转移到概念就是一种堕落。如果一幅寓意画也同时具有艺术价值，那么这价值和这幅画在寓意上所取得的成就是全不相干的，是独立于寓意的。这样一种艺术作品同时为概念的表现和理念的表现两个目的服务，但只有后者才是艺术的目的。例如一座雕像同时又是烛台，一个浅浮雕同时又是阿喀琉斯的盾牌。真正的艺术爱好者既不会赞许前者，也不会赞许后者。

其实不只是艺术，一幅寓意画也能以寓意的性质在人的心灵上留下生动的印象，但是在相同的情况下，文字也能产生同样的效果。因为寓意画所表达的寓意并非都是由绘画本身来完成的，文字也起着重要作用，甚至会起到更好的效果。举个例子来说，一个人想要宣布一个真理，于是在某一天他用一幅寓意画，画出代表真理的形象。当他在某一个时间点揭开帷幕让人们看到纯粹代表真理的形象时，理所当然的，这幅画会对周围人产生强烈的作用，但揭露该真理的这一时刻已成为一个标语达到同样的记忆效果。当然起作用的是抽象的思想，而不是直观的事物。

如果所描述的东西和该东西暗示的概念之间没有必然的联系，而只是和符号所暗示的概念一样，只是因为习惯和先验，按照既定的规定联系在一起，那么这种寓意画的变种也就是这种特殊的关系，我们可以称之为象征。例如玫瑰花是缄默的象征，月桂是荣誉的象征，贝壳是香客朝圣的象征，十字架是基督教的象征等等。这类象征在日常生活上可能是很有用处的，但在艺术领域，这些象征毫无价值。它们的作用和象形文字相同，但事实上也不过和贵族的家徽、标志客栈的灌木丛等作用一样，没有特别的价值。最后，如果可以用一个确定了的象征辨认出某一历史或神话中的人物，或一个人格化了的概念，那么这些象征就可称之为标志。不过人们所理解的标志大都是指那些用格言说明的，寓意是道德真理形象化的素描。希腊雕刻倾向直观，所以是美感的；印度雕刻倾向概念，所以是象征的。

关于寓意画的这些论断是以我们之前对于艺术内在本质的考察结论为基础的，并且和其密切相连。现在我们认为，这种寓意其实和艺术存在的目的毫无关联，不仅如此，它还干扰艺术目的和意义。但温克尔曼的看法恰好相反，他到处为寓意作辩护，甚至以此来确定艺术的最高目的是“表达普遍概念和非感性的事物”。究竟温克尔曼的说法正确与否，要看每个人的判断缘由。但由此，我明白了一个道理，人们尽管能够对艺术美有最大的感受力和最正确的判断，但这并不意味着人们能够为美以及艺术的本质提出抽象的、真正哲学上的解释。如同人们尽管会用高尚和美德来约束自己的行为，然而并不能用哲理来根究行为的伦理意义，更不能给这些行为加以抽象的说明。

寓言与文艺的关系完全不同于它与造型艺术的关系。就后者说，寓言固然是不适合的;但就前者说,却是可以容许的,并且恰到好处。因为在造型艺术中,是用直观看到的东西来达到艺术的目的,但当离开一切艺术的真正对象而转向抽象的思想时,目的也就一起消失了。

在文艺中,直接用字眼提出来的是概念,然后才从概念过渡到直观的东西。而寓言正是用一个生动形象的例子来概括一个概念,使读者能快速地达到这个目的,所以在文艺中运用寓言是容许的,也是合适的。在语文艺术中,比喻和寓言都有很好的效果。并且柏拉图的比喻也很优美地表达出了一个极为抽象的哲学主张。正如《堂·吉诃德》里面的寓意是说任何人的一生,如果他不同于一般人,如果他不只是要照顾他本人的利益同时还追求一个客观的、理想的、支配着他的思想和欲求的目的,那么,他在这世界上自然而然地就要显得有些离奇古怪了。就文艺中的寓言说,直接提出来的总是概念。如果要用一个形象使这概念可以直观看到,比如可以用画好的图像来表示或帮助理解,那么,这幅画并不能被看作造型艺术的作品,而只能看作示意的象形文字。并且它也不具有绘画的价值,而只有文艺的价值。

通常来说,含有明显教训意味的图画寓言都是属于此类,这类寓言都是文艺方面的,不能算作绘画方面的东西,因此,这也就是审议可以存在的理由。并且,这里的画面功夫与寓言提出的概念相比总是次要的,把事物表达到可认识的程度就可以了。如果在直观表现出的形象和用此以影射的抽象事物之间,除了任意规定的关联外并无其他关联,那么,在造型艺术中和在文艺中一样,寓言变为了象征。并且因为一切象征实际上都是基于约定俗成的东西,所以象征的意义可能也会随着日久年深而逐渐被淡忘,最后完全湮没。如果人们不是事先已经知道,谁能猜得出为什么鱼(早期基督教的象征——编译者注)是基督教的象征呢?因此,虽然将信徒约翰的启示作为文学上的寓言,但人们至今还在寻求正确的解释。

五十一

如果我们现在沿着之前对于艺术的一般考察，从造型艺术转到文艺方面来，那么，我们就会发现文艺的宗旨和造型艺术一样，也是在试图揭示理念，通过诗人的心灵把握理念的明确性和生动性，然后将它们传达给读者。

由于理念在本质上都是直观的，所以在文艺中，文字所能传达的只能是抽象的概念，读者还需要借助自己的想象力才能在这些概念的代替物中直观地看到生活的理念。化学家把两种清澈透明的液体混合起来，就可从中获得固体的沉淀。与此相同，诗人用他组合概念的不同方式来使具体的东西、个体的东西直观地成为表象，这好比从抽象而透明的概念中沉淀出来，被人们所观察到。诗文里面的许多修饰语也是为这目的服务的，这些修饰语缩小每一概念一般性的范围，一缩再缩，直到直观的明确性显现出来。这在荷马的史诗中就有体现。

由于文艺用以传达理念的材料(概念)具有普遍性，所以文艺所可以涉及的领域也是超广阔的。文艺要表达理念，不仅可以以描写的方式，还可以以叙述的方式，或直接以戏剧表演的形式，将整个自然界一切级别上的理念都表现出来。不过，在表现意志客体性的较低级别时，造型艺术因为适合在某一瞬间揭示自然的本质，所以效果会比文艺表现的好。而人作为表现意志客体性级别最高的，则与此恰好相反。文艺具有表现演变的特点，不仅可以表现人的单纯体态和面部表情，而且还可以表现一连串的行为以及和行为相随的思想和感情。就这一点来说，人是文艺的主要题材，在这方面没有别的艺术能和文艺并驾齐驱，因为文艺有表现演变的可能，而造型艺术却没有这种可能。

人是意志客体性的最高级别，因而，在人的挣扎和行为环环相扣的系列中表现人的理念，就是文艺的主要课题。经验、历史也教导我们认识人，但主要是提供人们的一些事实的记录，因而经验与历史教我们认识的是现象界中的人们，而不是人的理念，人的内在本质。但如果说经验和历史谈到了人的内在本质，那么我们理解经验和历史时就必须用艺术的眼光、诗人的眼光来处理了。也就是说，这已是按理念而不是按现象，已是按内在本质而不是按外在关系来理解对象了。

个人自己的经验是理解文艺和历史不可缺少的条件，因为经验就像是这两者因语言相同可以共同使用的一本字典似的。不过，历史之于文艺就好比肖像画之于故事画，前者提供个别特殊中的真，后者提供一般普遍中的真；前者具有现象的真实性并能从现象中证明真实性的来历，后者则具有理念的真实性，并存在于一切现象中而不是任何个别的现象中。在文艺中，诗人通过自己的选择和意图来表现紧要情况中的紧要人物，历史家却只能按外在的、表面的、相对的，并对现在时刻也就是历史的后果上有重要意义的原则从历史中选择和研究情节与人物。历史家对事物不按其本质的特征和表现来观察，而是对一切都按关系，看对随后发生的事有什么影响，特别是对当代的影响来进行观察。也就是说历史家的考察基础是充足根据律，他考察的结果就是抓住现象，而这现象的形式就是这充足根据律。诗人却不同，他在一切关系之外，在一切时间之上来把握理念，也就是人的本质。

所以尽管听起来难以置信，尽管我们已经习惯将自己看作历史的一部分，但我们应该承认文艺比历史有着更多真正的、道地的内在真实性。诗人从某一特定的方面把握了人的理念，这理念在他心目中形成稳定的、明确的、通明透亮的典型，然后用描写进行传达，而他的描写，直至个别的细节，都和生活有着一样的真实。

在古代，一些伟大的历史学家在找不到真正的资料来证明自己的说法时，通常会采用诗人的方式来处理，这个方式和叙述史诗非常相像。这样做不仅可以赋予他们的叙述以统一性，同时还能使这些叙述保有内在的真实性，虽然这些叙述无法实现真正的真实。其实伟大的诗人的作品远远比历史家提供的资料真实得多、明晰得多，主要看这欣赏者能不能按人的内在本质，按人的理念去认识人。然而，就认识人的本质来说，我甚至不得不承认传记，尤其是自传，比正规的历史更有价值。因为传记一方面比历史的资料更准确、更完整，另一方面，传记记录的是带有鲜明个性的人，而历史更倾向于记载民族、军队这样的人群，个人很难在历史中得到充分的表现。所以传记因为本身形式的自由，可以更方便、更合适地表现人的本质和理念，而历史如同上面分析的那样，更多的是在展现人的现象。

传记和历史的关系可以用下面这个比喻来表现得更清楚一些。我们从历史中观察人类，好比站在高山上眺望自然一样，我们一眼就看到了很多东西，广阔的平原，庞然的大物，但是并不清晰，也无法按整个自然的真正本质来认识。与此相反，从个别人的传记中观察人类，就好比我们遨游于大自然的花草树木、山水之间来认识大自然一样，我们更容易看清自然，理解自然的本质。

表现人的理念，这可以说是诗人的职责。不过，他们通常会使用两种方式来履行自己的职责。一种方式是被描写的人与进行描写的人二者合二为一。例如在抒情诗里，在正规的歌咏诗里，赋诗者通过生动地观察自然来描写自己的境况或者抒发自己的感情。另一种方式是要描写完全不同于描写者，这时，描写者开始都或多或少地隐藏在被写出的东西之后，最后完全不见，也就是说被描写的人与事物是以描写者和其所处的环境为素材背景的。传奇的民歌、田园诗、长篇小说、正规的史诗、戏剧，在这些文艺形式中，描写者的痕迹依次递减，在戏剧中则已经没有了他的身影。所以戏剧是最客观的，也是最完美、最困难的一种体裁。

抒情诗正因为主观成分最重，所以也是最容易的一种诗体。并且，在别的场合艺术本来只是少数真正天才的事；然而在这里，一个人尽管不是那么优秀，但只要在激动的那一瞬间能够对自己的境况有一种生动的直观，那就能写出一首优美的歌咏诗。

在较客观的文学体裁中，尤其是长篇小说、史诗和戏剧，文艺的目的是显示人的理念，主要是用两种办法达到的，一是正确而深刻地描写出有意义的人物性格，二是描写出一些有意义的情景从而烘托出这些人物性格。诗人的职责不仅在于逼真而忠实地给我们展出有意义的人物性格，还在于他必须为了我们能更加方便地认识这些性格，而把那些人物置于特定的情境之中，使他们的特性能够在这些情境中充分发挥，让读者清晰明确地理解人物特性。这些情境就是关键性情境。像小说、史诗、戏剧能够集中、典型地揭示人物特性，这也就是艺术中的情境与实际生活之间的区别。人目前所处的生活最常见的、最普通的就是实际中的生活，好比最常见的水是池沼河流中的水一样。但是只有将选择好了的人物置于像史诗、长篇小说和悲剧这样的艺术情境中，这些人物所有的一切特性才能展现出来。

人类心灵深处的理念需要在非常的、充满意义的情节中转变为看得见的东西，这样才能被揭露出来。文艺就是通过这样的方式使人的理念客体化，从而清晰地展现人的理念，塑造美。但是，我们无论是从效果还是从写作的困难来看，悲剧都可以算作文艺的最高峰。这是因为悲剧以表现人生最可怕的一面为目的，而这一面正暗示着宇宙和人生的本来性质，这也正是其伟大之处。人生的本质是痛苦，这种认识会由于痛苦而纯化、提高，最后超越现象的迷雾，人的自私心及一切欲望也就随之而消逝了。由此对世界的本质就有了完整的认识，这个认识带来的结果就是人性的清心寡欲，但这并不意味着对生命的放弃，而是一种看淡，或者说是对于整个生命意志的放弃。所以我们在悲剧里看到那些最高尚的人物，在经历了漫长的斗争和痛苦之后，最后往往会永远放弃了他们此前热烈追求的目的，永远放弃了人生一切的享乐，从而达到宁静状态。

五十二

我们在前面各节中，在按符合我们观点的那种普遍性中，考察了所有一切的美术文艺，从建筑的美术起，直到悲剧才结束了我们的考察。但是，在这一系列考察中却排除了一种重要的艺术，并且不能不排除，因为我们这个论述系统严密，在其中很难找到适合它的位置。这一艺术就是——音乐。

音乐完全独立于一切艺术之外，我们不能把它看作任何理念的仿制、副本，然而它却能强烈地影响着我们的内心。它在人的内心里作为一种绝对普遍的，甚至在明晰程度上超过直观世界的语言，是这么完整地、这么深刻地为人所领会。如果我们注意美感的效果，就必须承认音乐还有更严肃的、更深刻的意义，这意义和这世界的本质，和我们自己最内在的本质有关。

其实，一切艺术对于我们的效果，整个说来也和音乐对我们的效果差不多，只是后者更加的强烈。此外，音乐对于世界那种复制的关系也必须是一种极为内在的、无限真实的、恰到好处的关系，因为音乐是在演奏的当时就被人所领会的。音乐是意志的直接客体化，它不需要经过理念来间接展现意志的客体化，所以音乐不同于其他艺术，它不是理念的写照，而是意志自身的写照。这一点也使得音乐的效果比其他艺术的效果要强烈且深入得多。因为其他艺术所展现的只是本质的现象，而音乐却直接展现本质。

音乐的高低音就如同意志客体化的不同级别。谐音的最低音，通奏低音就好像是意志客体化的最低级别，也就是无机的自然界，地球的形体。大家知道所有那些高音，都是由基低音的谐振产生的，在奏出时总是和低音轻微地相互协鸣。与此类似，自然的全部物体和组织都是从地球的形体中逐步发展出来的，而地球的形体既是全部物体和组织的支点和起源。这两个关系在本质上其实是一个道理。音的低度有一极限，一旦超过这一极限就再也听不到任何声音；与此相似的是若地球失去形体也就是任何物质如果没有形状和属性就不可能被感知到，更概括地说就是没有物质能够完全没有意志。所以声音为确保听得见这个属性是和一定程度的音高分不开的；同样，物质和一定程度的意志表现也是分不开的。所以在我们看来，在谐音中的通奏低音就等于世界上的无机自然，等于最粗笨的形体。一切皆基于此，一切都从此中产生发展。

而在低音和高音之间存在着构成谐音的一切补助音，这一切补助音就好像是理念的全部级别。也就是说，较近于低音的音等于意志客体化的较低级别，而那些较高的音，就代表植物和动物世界。并且音阶上一定的间距和意志客体化的一定级别是平行的，和自然中一定的物种也是平行的。最后当形成一个曲调时，也就是在表现一个整体的主调中，我看到意志客体化的最高级别，看到人的有思虑的生活和努力。也只有在曲调中才会从头至尾有一个意义充足的、有目的的连贯。所以我们可以将曲调等同于讲述着的，经思考才明确地展现出来的意志的故事。与此对应，只有具有理性的人，才会在他眼前的以及充满无数可能的还未出现的生活道路上经常回顾以往思考未来，也只有这样能才完成一个有思虑的，连贯为一整体的人生过程。

曲调的本质是音阶永远在千百条道路上和主调音产生分歧、变调。不仅仅是变到那些谐音的各阶梯，变到第三音阶和任何音调的第五音阶，甚至变到任何一个音，变到不协调的第七音阶和那些超量音阶。但最后所有的音阶又都回到了主音调。这种分歧与变调就是曲调在表现意志的道路上做出的众多努力。与此相应，人的本质也同样如此。他的意志在整个生命过程中不停地追求，当一个追求满足了又有新追求，如此永远不息。是的，人的幸福和顺利仅仅是从愿望到满足，从满足又到愿望的迅速过渡。当缺少满足时就是痛苦，缺少新的愿望时人就会出现空虚、沉闷、无聊。曲调变化无穷无尽，这又如大自然在个人的相貌和身世上的变化无穷无尽一样。如果从一个调过渡到另一个完全不同的调，完全切断了和前面的联系的时候，就好比人的死亡了。

但音乐并不是表示具体的、一定的、这个或那个的快乐以及痛苦、抑郁，或者是任何个别的具体的感觉，而是表示所有一般的快乐、高兴、抑郁、痛苦等感觉本身。也就是说音乐决不是表现现象，而只是表现一切现象的内在本质，一切现象的自在本身，只是表现意志本身。所以当指出上面这些表示的具体类比的可能性时，决不可忘记音乐与这些类似性并无直接的而只有间接的关系。

音乐无论在什么地方什么时间都只是展现出生活及其过程的精华，而不是展现生活及其过程自身。但生活和生活过程中的一些普通细节并不是每次都影响生活及其过程的精华，音乐只表现本质，具有普遍性而不具有特殊性。正是这种专属于音乐的普遍性，在最精确的规定之下，才赋予音乐以高度的价值。

根据这一切，我们可以把现象世界和音乐看作同一事物的两种不同表现，而这同一事物自身就是这两种表现能够进行类比的唯一中介。所以只有通过这一中介才能真正体会到现象世界与音乐二者之间的类比。音乐当作为世界的表现看，就是普遍性最高的语言，可以说这种语言代表概念的普遍性大致等于概念代表个别事物。但音乐这种语言的普遍性却又不是抽象作用那种空洞的普遍性，也不是基于表象的普遍性，而完全是另一种层面的普遍性，是和彻底的、明晰的规定相联系的普遍性，是基于意志来讲的。意志一切可能的波动起伏和表现，以及人的内心中所有的那些过程，都可以通过无穷多的、无数种可能的曲调来表现，虽然这种表现只具有形式上的普遍性，没有具体的内容。

还有一点也可以根据音乐和事物的真正本质的内在关系来说明。也就是说，只要把相应的音乐配合到某一种情况、行为、过程、环境上去，那么音乐就好像能立即展现这些情况、行为等的最深刻意义；音乐的出现好像为所有这些情况、行为等做了明晰而正确的注解。同样，当一个人在欣赏一场音乐会的时候，只要他能够把精神全部集中在交响乐所形成的整体印象上，他就好像能够看到人生和世界上一切可能的过程的景象。尽管他能感受到，但他并不能明确指出那些声音和浮现于他面前的事物之间的任何相似之处，这也正是音乐和其他艺术的不同之处。对一切现象来说，音乐表现物自体。因此，人们既可以把这世界叫做形体化了的音乐，也可以叫做形体化了的意志。

曲调在一定意义上，也和一般的概念一样，是现实的一种抽象。概念的普遍性、曲调的普遍性都是从现实中，也就是个别事物的世界中抽取的。但这两种普遍性是相互对立的，因为概念只含有从直观抽象得来的形式，所以完全是真正的抽象；而音乐则相反，展现出的是最内在的、先于一切形态的内核或事物的核心。概念、音乐与现实三者都是基于事物之上的，可以这样形容，概念是“后于事物的普遍性”，音乐提供“先于事物的普遍性”，而现实则提供“事物中的普遍性”。

一切真正的音乐，都非常容易打动人，能很容易被充分领会而同时又难以被解释的特性，是因为音乐把我们最内在本质的所有一切动态都反映出来了，音乐引导我们走向本质，远离现象，这事实上等于带领我们远离了痛苦。音乐直接反映人最内在的本质，本身就是严肃的，所以可笑的东西应完全排除在音乐的直属范围以外。唯有在表象中误认假象，滑稽可笑的才可能出现在音乐的范围里。但音乐的客体不是表象，而直接是意志。意志，作为一切之所系，在本质上就是最严肃的东西。

我在整个讨论中努力要弄清楚的一点就是音乐如何用一种最普遍的语言，一种特有的材料来明确地和真实地表达出世界的内在本质。进一步说，哲学的任务并不是别的，就是用一些概念以及文字等符号全面而正确地描述和显示出世界的本质。由此，如果之前对音乐所作的完备的、深入细节的说明都全部正确，或者说我们的确用概念详尽地阐述了音乐的这些说明，那么可以说这些概念也同时充分地描述和说明了这世界。音乐的这些概念也是真正的哲学。

最后，我还要加上几点和音乐与现象世界两者间的类比有关的看法。我们在前面已经发现意志客体化的最高级别并不能单独地、割裂地出现，它是要以低于它的级别为前提的，这些较低级别又总是以更低的级别为前提。同样，音乐也和这世界一样，也只在完整的谐音中才是圆满的。高音要形成完整的印象，就需要所有其他音的伴奏，每一个较高音都以低于自己的音阶为前提，直到最低沉的低音出现为止。只有在所有音阶都具备的整体中，音乐才能表现出它预定要表现的完整的东西。

值得注意的还有下面这种类似性。我们在前一篇中已经看到作为个体的现象之间有着不可消除的矛盾。这种矛盾在现象的一切级别上都能够看到。这就使得世界成为一个同一个意志的所有现象之间无休止的战场，而与此同时，意志和它自己的内在矛盾也由此显露出来。在这一点上，音乐也有与此类似的地方。也就是说完全纯粹和谐的声音体系不但在物理上不可能，就是在算术上也不可能。完全和谐的音乐根本不存在于这个世界的表象之中，更不要说制成乐谱了。由于这一缘故，任何既定存在的音乐都不是没有一点儿矛盾、完全和谐的音乐。

关于音乐其实还有很多的事情可以说，但是我不想再将这一切继续下去，因为我在这第三篇里对于有些问题的讨论已经过于详尽了。我们知道，美给我们带来的享受、艺术所提供的安慰，都能让艺术家和欣赏者忘记痛苦，享受片刻欢愉，但这并不代表把他永远从现实世界中解脱出来了，而只是在某些瞬间把他从生活中解脱片刻。所以这认识不是使他能够脱离生命痛苦的道路，而只是生命中一时的安慰，直到他那由于欣赏而加强了的精力已疲于走出这种境界，又将自身永远置身在这严肃中为止。那么，让我们在下一篇里也将自身置于这严肃中吧。

第四篇

世界作为意志再论

五十三

在这一篇，我们将考察一些严肃的东西，是涉及一些个人行为的东西，与每个人都是有直接联系的。

这一部分的考察和其他部分相关联，人们只要想连贯的思考哲学问题，就必然会到达这一部分，把这一部分当作一个总结论。对于其他的部分，或许人们并不会太认真，但是对于这一部分，我们必须认真对待。在我看来，一切哲学都是理论性的。因为哲学不是格言，哲学需要理性的考察，之后才能下出结论。要求哲学能够指导一切，是陈旧的错误观念，终究会被新的正确观点所取代。正确的观点应该是，哲学不会对任何人的任何行为产生作用。在任何地方，哲学的作用都只是解释和说明事物，把握世界的本质，并把人们体会到的世界本质纳入到理性的明确而抽象的认识之内。不过哲学这样做是从一切可能的方面，从一切观点出发的。犹如我们在前三篇里曾企图在哲学专有的普遍性中从另外一些观点来完成任务一样，本篇也要以同样的方式来考察人的行为。人世间的这一方面，如我之前已指出的，可以说不仅在主观的判断上，而且在客观的判断上，都要被认为是世间一切方面中最重要的一个。

在进行考察时，我将完全沿续我之前所采用的方式去思考，之前我所提出的重要观点，也将是我以后种种结论的重要依据。前面提出的观点和这里宣布过的讨论方式，已明确指出在下面的讨论中人们不要期待行为规范以及义务论的出现，这里更不会提出一个普遍的道德原则，把它当作产生一切美德的灵丹妙药。教导什么是“应当”，只有在针对孩子们和刚开化的民族时才比较适合，它完全不适合具有独立判断能力的成年人。

我也不会谈给自由立法，因为这个想法本来就充满了矛盾。自由本身就是针对意志来说的，要自由，又要对意志立法，这本身就是不切实际的，是违反意志的本质的。根据我们的看法，所谓意志自由是指意志自己决定自己。有什么样的行为就会有什么样的意志，意志的行为和意志的世界是统一的，除意志能决定行为以外，别的东西都不能决定。这才是真正的意志自由，甚至可以说意志是万能的。我们所能做的只是解释人的行为，说明不同的行为原则，而不是“为自由立法”。在此后的考察中我们也将贯彻之前的原则，不会使用空洞的、只有否定意味的诸如“绝对”、“无限”、“超验”之类的概念，我们会继续认识真实的世界，并只在这个领域里进行我们的考察。

最后还要提出一点，我们从事哲学的研究并不是以历史作为方法，或者沿着历史的道路来开展研究的。从这个观点来看，如果我们能够以某种方式从历史中体会到世界的本质，那么，这就不再是以哲学来认识世界了，而是用历史来从事哲学，与此同时必然会在对世界本质自身的看法中出现“变易”、“变成”、“将变”这些概念，根据历史的特点也会出现先和后的含义，会找到世界的起点和终点，以及这两点之间的过程。并且用历史方法来从事哲学研究，一般都要提出一种宇宙发生说，或者提出一种发散系统说，或者是人类始祖降临人间说，或者最后莫名地陷入困境而不得不以不明的原因、初始的原因或不成原因的原因作为最初的原因。

而对于这些“高深”的学说，人们用一句最简短的话就可以一举推翻，这些认识都是基于充足根据律的基础之上的，从这种认识出发，人们永远也到不了事物的内在本质，而只能无穷尽地追逐现象。因为所有这样以历史作为研究主线的哲学仍然把时间看作物自体的一种规定，停留在康德所谓的现象上，和物自体相对立的现象之上；停留在柏拉图所谓永远常驻的变易上和永不变易的并且相对立的变易上，因而这样的哲学绝对不是对世界本质的认识。单纯哲学考察世界的方式，就是通过考察世界是什么来认识世界的本质，而不探究世界从何而来，去向何方。也就是说，这个考察方式不是从任何一种关系出发的，也不是把事物当作生长变化的考察方式。

一句话，不是从充足根据律四种形态的任何一种形态来考察事物的方式。符合这种考察方式的认识只有艺术和哲学。

五十四

通过对前三篇的考察我们应该已经明白，意志在作为表象的世界中能以明晰和完整的程度认识到它自己，而能提供明晰和完整程度最高的客体就是人，人的本质是要通过有连贯性的一系列行为能获得完全的表现，人也因此有了具有抽象概括能力的理性。在我们接下来的考察中，要首先明确这一点。

意志如果单独就其自身来看，是不可能产生任何认识的，它仅仅是一种不能遏制的盲目的冲动罢了。我们在无机自然界，在植物生长的自然界，以及在我们人自己生命成长发育的那些具体的部分中所看到的意志现象，都证明了这一点。

我们从既定的生命现象来考察意志，其实是从现象来观察意志。因此，我们可以把这显现着的世界称为一面可以反映世界的镜子，称为意志的客体性。所以意志也可以进一步称之为生命意志。

意志是物自体，是世界的本质，生命则是一种现象。本质和现象是不可分割的，所以生命和意志也会是彼此相伴的，只要产生了意识，那么就可以确定——一定有生命的出现。另外我们看到的这些个体的生灭，也只是一种现象，并不能因此就认为，生命因此而消失殆尽，更不能证明意识也陨灭了。

换一个角度，我们从生命的理念来考察生命，这样我们在任何方面都会看到凡是生和死所能触及的都不是意志，不是一切现象中的物自体，而只是表象的一部分。诞生和死亡同样都属于生命，并且互为条件从而保持整个世界生命的平衡。如果人们喜欢换一个说法，也可说诞生和死亡共同作为整个生命现象的两极从而保持平衡。个体必然有生有死，但是对于生命意志来讲，个体并不是生命意志存在的全部意义，正如整个大自然不会因某个个体的死亡而有所损失一样。大自然只关系物种的存亡，而一个小小个体的生死，并不能吸引大自然的注意力。对于物种的保存，大自然是十分认真的，所以会用一些惊人的繁殖能力来保全物种。

与此相反，对于个体，大自然则时刻准备毁灭它的存在。通过这一点我们也可以从大自然中得到一个重要启示，在这个世界中只有理念具有真实性，任何单独的个体都不具有。从而对于个体的人来说，人也就是大自然本身，是在大自然最高度的自我意识中的，而大自然又只是客体化了的生命意志。一个人只要理解并且坚定不移地深信这一观点，他就可以理解，他自己也只不过是大自然的一部分，自己的生死不关乎于大自然本身。从而也就看淡生与死，也就有理由为自己和朋友的死寻求到安慰。其实，生存和死亡都是生命,也是意志范畴的事情。作为生命的两个极端,我们可以将其看成是形式上的物质转化。也就是说,动植物体内营养的吸收与再生只是不同程度的生殖,经常性的排泄也只是不同程度的死亡。例如植物周期性的开花结果只是同一生命冲动的不断重复。植物通过不同形态的阶梯变化,最后达到结出果实这一状态,整个历程便是生命冲动不断得到满足而又不断重新开始的过程。在这生命冲动不断满足的过程中,营养的吸收就是为了更高一级的再生,也可以说是生命冲动在更高一级上的满足。在动物界里,同样如此。

因此,在更高的意味上,我们可以将一切出现死亡的现象看作经常发生的排泄一样普通。既然我们对于排泄这个生命现象漠不关心、坦然接受甚至从未厌烦,那么对于死亡我们为何要恐惧和逃避呢?有一点是需要我们引起注意的,那就是时间经常是生命的幻觉。我们不能把自己的生存和自己的时间看作是两回事,否则就是假定有两个"现在"同时存在,一个属于客体,一个属于主体。但如果将这两个"现在"合到一起,我们就会对这个事实感到非常惊奇,因为我们不禁会回想已经过去了的几十个世纪,回想在这些世纪中生活过的亿万人们,并且我们还会问这些人是什么,他们已变成了什么,然后再问这一切是什么,我们过去的生命变成了什么。在追问已经过往人世的人们的命运之后,人们必然还会进一步追问自身,即为什么现在会是"我"把握着这真实的现在。更简单地说,为什么现在恰好是"我"处于"现在",而不是处在"过去"。

其实,这些都是假问题,都是根本不成立的问题,都是因为把时间和生命分离开来而产生的错误问题。而事实上就每个个体而言,生命和时间是统一的,也就是说没有生命就没有了时间,当仅有时间而没有生命的时候,时间也毫无意义。事实上,意志显现生命的形式,只存在于现在,在过去和将来都只是影子。过去和未来，只是一个时间的概念。没有人能在过去中生活，也没有人能到未来去。只有现在，才是一切生命的形式。有生命，就会有现在。现在这个形式与它的全部内容一起，是一直常在的。这是因为意志确保生命，而生命确保现在。而现在是由以时间为形式的客体和不以充足根据律的任何一种形态为形式的主体，两者的接触点构成的。当意志以表象进行显现时，一切客体便是意志，而主体此时又是客体的对应物。真实的客体只在现在存在，过去和未来中所谓的客体只不过是概念和幻象，所以“现在”就是意志现象的基本形式，是和意志现象分不开的。“我”作为生命的代表只在“现在”中存在，问过去和未来如何都是无意义的。所以任何人都可以这样说：“不管过去和将来如何，我始终是‘现在’这东西的主人翁，它将和我的影子一样永远伴随着我。同时我也不会惊疑‘现在’究竟从何而来，何以它又恰好在此处。”

意志作为物自体，并不被充足根据律所束缚，而认识的主体，则是意志的表现。

和时间方面的幻觉一样，生命在空间方面也会有幻觉产生。这种幻觉会让人们觉得自己所处的位置是地球的上面，并且还会产生会有人生活在地球下面的想法。事实上，地球处处是上面，所谓空间中的上下，更多的只是我们的幻觉。

我们的知识经常会产生谬误，但是自然却永远正确。动物在自然中生死，它们活着的时候，不会对死亡有任何恐惧。对死亡必然性的忧虑只有人才有，这是一种抽象的意识。当然，这种忧虑也不是时时都有，只会出现在某些特定的时候。绝大部分时间，人都是快快乐乐地活着，好像已经忽略了死亡的必然性。这是因为在人身上有着和没有思维的动物一样的一种内在意识，即他本人是自然，也是世界本身。也正是有了这个内在意识，人们才会产生必要的安全感，才不会为了死亡的必然性而产生不必要的恐惧从而影响日常生活。每个人固然在抽象的理论上承认死是必然的，但是他会把这种必然性放在一边，并且在绝大部分时间并不真正把它放到自己当前的意识中去。这不是用心理学上的说明方式，从习惯，从安于命运安排的心情之类的就可以说明的，它的根由还是上述那种更深刻的说法，是由意志最原始的冲动所决定的。

作为物自体，意志不是永恒存在，而是暂时存在，因为意志已经超越了时间，所以我们不能用形容时间的词去形容它。意志的个别现象，在时间上也可能产生生灭，但意志本身与时间没有联系。既然如此，我们就不能把我们的这种观点当作意志不死之类的学说，这种不死的说法还是把意志放在了时间之内来考察。

在我们的观点中，根本不存在意志生死的问题。虽然人的生命与自然是一体的，但作为个体死亡，人的生命也同样不会触及意志的内在意识。作为个体，人有着与表象的世界融为一体的特性。比如说虽然我们在日常生活中能够朝气蓬勃地生活，但这并不意味着人们就可以在死亡真正来临时自然地摆脱对死亡的恐惧，相反我们还是会本能地害怕死亡，会想方设法逃避死亡。有人会说，害怕死亡就等于害怕苦痛，这是不对的。因为痛苦在死亡之前就已经存在，很多时候，人会因为害怕痛苦而将自己置于死亡的境地中。还有些时候，我们会因为不想死亡而将自己置于可怕的痛苦中。但事实上痛苦和死亡根本就是两种完全不同的事情。我们之所以怕死，不是因为害怕痛苦而是害怕个体的毁灭。个别客体化中的生命意志自身全部寄存于个体之上，当面对死亡时，个体的全部存在都要为了抗拒毁灭而共同抗拒死亡。我们通过意志的现象而实现的对意志的认识，这种结果只作用在我们自身，而丝毫不会影响意志本身的欲求，即便在完全认识意志之后，意志仍然毫无障碍的欲求，这可以成为对意志存在的肯定。相反，如果由于这个认识的出现，意志不再欲求了，它终止了，这就是对生命意志的否定。这种因为认识理念而产生的体悟具有重要意义。

可能现在我们还很不是很容易理解，但我们后面的考察会主要围绕这一点来开展，我希望通过下面的论述，我们最终能完全明白这一点。

五十五

意志本身是自由的，现象却正好相反，它存在于充足根据律的范围之内，并服从充足根据律。任何现象都具有必然性，所以我们可以在充足根据律的范畴内预测现象，也可以通过现象所产生的后果来推断他的起因，因为他们彼此存在着因果关系。

由于这些现象都是意志的客体性，而意志本身却是物自体，不在充足根据律之内，不服从充足根据律，不存在任何必然性，所以意志是自由的。意志是自由的，但它的客体性——现象却是必然的，在这里就出现了一个包含巨大矛盾的统一点——自由和必然的统一。关于这个矛盾，尽管经常被讨论，但到目前为止都未出现一个明确而适当的结果。

其实人就是被意志决定的现象，只是人作为意志最完善的现象，能够完全地恰如其分地反映世界的本质。在人身上，意志能够明确而彻底地认识到自己的本质以及这一本质是如何反映在世界中的。而在自然界和动物那里，意志是无意识的，只是一种盲目的冲动，也就无法认识自身。但是，当意志在认识自身时，就可能会出现意志的取消和意志的自我否定，若发生在人身上，就会出现只有意志才有的自由。就这个意义来说，意志自由就是指能不能肯定或否定自身。

这些在本篇的最后才能清楚地说明，现在只是简单说一下，人因为有了足够的自由意志，才得以与其他物种区别开来。自由只属于意志，但是在人这里，却可以通过现象来表现出来。只不过当这种自由出现时，现象就会出现相互对立的矛盾。但是要真正理解这一点还需要借助后面的论述，我们在这里简单说明只是为了防止一种谬论。这种谬论就是认为人的种种行为并不受自然性的支配，也就是说人是绝对自由的。但是事实并非如此。人们总是先验地认为自己的个别行为是自由的，从而觉得在任何情况下都存在多种行为选择，而这种选择的可能就是行为自由的表现。但通过反省思维，人们就会认识到一个人的行为其实完全是自己的性格和动机二者合二为一产生的，也就是由性格和动机决定了的，同时也是必然的。其实，人们只要明白了人本身只是意志所显现出的现象，又知道现象是在充足根据律之中的，就不会再怀疑由性格和某一动机决定的行为肯定具有必然性这一论断的正确性。

意志是物自体本身的一种原始的独立的东西，因而会造成人的自我意识有被一种原始性的、独断独行的东西决定的感觉。但是由于人具有智力，同时这智力与意志处于分立而又从属的地位，所以也会产生一种经验上的意志自由假象，就像个别行为也有自由性一样。而实际上任何个别行为都是受制于动机的，它的自由性只不过是以必然性为前提的。人的智力只能在事情发生之后从经验中获悉意志在这之前所做出的决定，如果新的选择未定，也就是对于意志如何做出决定智力并不能进行判断，而这时候智力就会误以为意志可以自行决定出正反两个选择，从而认为经验的意志也是自由的。

这可以用一个比喻来说明,一根竖立着的旗杆,如果失去了平衡就会倒下,但是人却不能提前判断它从哪个方向倒下,难道我们就可以由此认为杆子是自由的?这显然不对,事实上,杆子在倾斜的同时,就已经有了客观的因素,决定它最后从哪个方向倒下,如同经验中的意志在智力做出判断之前就已经被决定了一样。对于行为自由的判断我们是靠智力来进行的,而又因为智力只能在事后反思行为之前的情况,这才造成人们认为行为是自由的假象。

我们还可以举个例子,比如当我们在面临一些重要抉择的时候,由于不能确定未来的走势,所以会有很多个可能正确的选择,但是我们也知道,其中可能只有一个是真正正确的。这时我们就会感觉无从抉择,而智力在这时候也不能做出决定,此时,自由选择就被赋予了自由的意志。在智力看来,意志的任何决断必然是具有同等可能性的,这就是经验上的意志自由。但实际上这只是一种假象。智力所看到的意志是处在经验中的意志,它跟任何表象一样是受意志本身决定的,并且产生于意志和动机的冲突,从而也是处于完全的必然性中的。智力能决定经验上的意志但并不能决定意志本身,因为这完全不是智力所能达到的,甚至不是智力所能探讨的。

我们之所以认为意志是自由的,并且认为它不受制于内外动机,是因为人们把灵魂当作了人的唯一本职。灵魂是人们在思维中抽象出来的东西,经验意志也同样如此,而欲求是在认识之后才产生的。这样,认识就成了第一位的东西。笛卡儿和斯宾诺莎都是这样看待意志的。根据这种看法,人是因为自己的认识而成为自己的,也可以说人在世上首先认识事物,然后才决定成为哪种人。同时人还可以因为认识的改变而改变行为方式,从而变成另外一个人。

但在我看来，这种说法其实是本末倒置。事实上，意志才是第一位的，而认识是从意识中派生出来的，它作为意志现象(即人)的工具而隶属于意志现象。每个人都因为有着与众不同的意识而成为了独特的自己。在成长的过程中，他会逐渐认识自己，认识自己的性格。按照之前的意志自由的说法，人是根据认识而产生了相应的欲求，人希望自己变成什么样的人，便会变成什么样的人。这种说法，其实是在说人具有绝对的自由，绝对的主观能动性。这永不能改变的东西就是人性格中的悟知性格，古希腊人用习惯的稳定性来比喻性格的稳定性。在现实生活中，人的行为所展现的是经验性性格。经验性性格既是悟知性格的展开，也是它的延伸。人的悟知性格是在人诞生时就存在的。不过这个问题和我们现在所研究的主题关系不大，下面我们主要来说明性格和动机之间的关系。塞涅卡曾说“意欲是教不会的”，这是一个绝对的真理。因为人类最根本的欲求，也就是最本质的欲求，是任何外界影响所不能改变的，否则外界环境的每一次刺激都能再重新创造一个人。

在我们实际生活中，认识会不断发生变化，从而影响追求目标所使用的方法，也因此会在人的行为上表现出显著的变化。但这只能说明认识影响了人的动机，也就是影响了寻求最根本欲求的途径，但这并没有改变欲求本身。动机如果要发生作用，仅仅要求产生动机是不够，还必须要求这个动机是被认识的。这正如经院学派所言“动机不是因为实际存在而是因为被认识的存在才起作用的。”

根据上面的论述我们知道，真正的性格其实是从最初就被固定了的，是不会发生变化的，它只不过要随着人的一生慢慢展现出来而已。之所以我们会觉得自己的性格在一生中发生了很大的变化，只不过是因为我们主观认识的那个性格其实并不是我们真正的性格。我们所谓“性格上的变化”

也只不过是因为认识的变化而导致动机随之发生变化，从而改变了人的行为方式而已。同一个人，青年时代暴躁不驯，老年时代节制沉稳，这不过是在认识上出现了相反的动机罢了，而真正的性格从未改变。

一个人的天性是需要动机才能够慢慢显现出来的，所以当我们年老时发现我们和年轻时的自己完全不一样，那也用不着吃惊，更加没有必要懊悔。因为我们现在已经知道，懊悔产生的根源是认识的变化，而不是意志的改变。意志在时间之外也就无所谓变化，我们最根本的意欲也就从没改变过。当我们感到懊悔时，我们后悔的不是我们所欲求的，而是后悔我们所表现出来的行为。所以懊悔就是事后发现自己的行为被错误概念诱导而违背了自己的意志，就伦理意义而言也是如此。由于认识能力的有限，我们可能对眼前的困难进行了错误的估计或者是在自己的认识中夸大了别人的不是，从而做出自私却不符合自己性格的事情，当重新考虑这些行为的时候，就会认识到自己当时的错误，产生懊悔。因此懊悔存在的价值就是纠正对行动和本来意图之间的关系的认识。由于认识经常会把错误的资料提供给意志，造成行为不能准确地与意志相符合，从而导致懊悔。因此懊悔总是产生于改变的认识中，意志却是不变的。此外，良心不安是不同于懊悔的。关于良心不安的问题我们在后面会有详细的阐述。

作为动机的媒介，认识能够影响意志表现为行为，因此人和动物会因为认识方式的不同而出现行为上的区别，不仅如此，人与人行为上的不同也是这个原因。由于人相对于动物来说，在行为作为直观表象的时候还会受到理性的制约，所以同样是被动机决定而表现出行为的必然性，人就会具有更强的选择能力，行为所表现出来的可能性就会更多。

但是，这种选择能力往往会被人们误认成行为中的意志自由。事实上这种自由不过是由于理性而导致的几个不同动机相互斗争的过程而已，其中较强的一个动机就以必然性决定意志显现出的行为。但要做到这一点，必须借助于抽象思维。因为有了抽象思维人们才可以考虑各种理由，仔细权衡，最终做出选择。动物因为没有抽象思维能力，所以只能根据眼前的直观表象选择，动机也就具有唯一性，从而也就以本能行为表现出来。所以由动机决定意志的这一必然性只在动物身上才可以直观地直接表达出来。而在人身上，由于动机总是抽象的，并且动机起作用的必然性总是隐藏在动机间的冲突之后，所以不仅旁观者看不到，就是本人也看不到这种必然性。所以，人们总以为自己经验的意志是自由的，认为自己的欲求也是经过深思熟虑，而不是由冲动造成的。

事实上，人的动机是以人的冲动为基础的，这个冲动在每个人身上表现的都不一样，这也就是人的独特个性。其实，人和动物因为认识方式的不同而造成的影响是更深远的。动物只能从当前的直观表象中产生动机，而人却要摆脱这种动机的作用而依靠抽象表象决定自己的行为。因为具有抽象思维的能力，人不会将自身置于当前的苦乐之中，而是考虑长远的将来。于是我们在绝大多数时间我们的行为都是由抽象的、从思想中产生的动机决定，而不是由当下的印象决定，从而我们苦乐的原因大多不是出自实际的现在而是由抽象的思虑造成的。这思虑才是我们难以忍受的东西，给我们制造了无尽的烦恼。

因此，我们也常常会听见人说，使人痛苦的不是事物本身，而是人们对于这个事物的信念或看法，这种痛苦甚至经常高于生理上的痛苦。在我们有强烈的精神痛苦时，人们甚至还会制造一些肉体的痛苦，以此来转移精神上的痛苦。自杀就是这种行为的极端现象。还有当孩子们在弄痛自己的时候，他们哭泣不是因为痛本身，而是因为人们的怜爱唤起的痛的感觉或者可以说是被重视的精神感觉。

此外，不同个体做出的不同决断才是这些个体个性的标志。因此，对人来说，只有决断才是他的可靠标志，而不是单纯的愿望。因为愿望只是当前印象的必然后果，是直接必然而未经考虑的，这和动物的动作一样。所以愿望和动物的动作一样，只表现种性而不表现个性。但实际行动则与愿望相反，它需要一定的考虑，这种考虑是人按照思考过的抽象动机而做出的决断，所以只有实际行动才是他行为的最高规范的表现，是他最内在欲求的必然结果。因此，凡在神志清醒的情况下，造成良心不安的是人的实际行为而不是愿望或者想法。也就是说只有我们的所作所为才是一面反映我们意志的镜子。如今，我们发现了作为物自体的意志本身虽然是自由的，甚至可以说是万能的，但这意志表现在人和动物之中时，却受制于动机。而对于动机，又是通过每个性格以相同的方式做出有规律、必然性的反应才得以展现出来的。人由理性造成的选择能力只不过是把人变成动机冲突的战场，而并没有使人摆脱动机的支配。人和其他任何表象一样都在因果律的范围之内，人独特的选择能力并没有让人获得个别欲求的自由。所以，依靠认识能力来实现自由是不可能的。

最后，有一点我们还得引起注意，那就是为了邪恶欲念而从这里引申出来的“懒汉逻辑”是不正确的。“懒汉逻辑”的推论即是说既然我们要把经验性性格当作在时间之外、不可改变的悟知性格的展开，而我们的行为又是被动机决定的从而表现在经验性性格中，那么便说我们任何改变性格或者抗拒邪恶欲念的努力注定都是徒劳的。更甚至说即便这欲念是邪恶的，也不得不顺从欲念。一切都可以被看作是命运注定的，不容更改的。

这种说法和不可摆脱的命运之说有着完全相同的破绽。因为任何后果的出现都是因为之前的原因造成的，而不是原因和结果都是被决定的，上面的说法正是偷换了原因与结果。如果没有原因，后果就不会出现。如同事态按照因果律发生一样，我们的行为也按我们的悟知性格发生。但是我们并不能预知我们的行为，因为我们并不能先验地知道我们的悟知性格。我们只有通过我们的动机和邪恶欲念斗争的情况来判断我们行为的善恶，所以在判断之前我们必须先进行斗争，而不是顺其自然。性格的不变性不能作为我们无所作为的理由，我们是在自己的作为之后才知道自己的性格的，在我们做出的决断之中知道我们究竟是哪种人的。如“懒汉逻辑”一样，假借性格不能被改变而推脱由自己行为造成的责任是一种狡辩，是偷换了概念。这里也正好可以解释当我们回顾已往生活经历时为什么会有满意或内疚情绪。其实我们并不是对自己已经发生的行为本身满意或内疚，而是对于是否挣扎斗争过而产生不同的情绪。正是这挣扎斗争对我们后来的思考具有重要意义。我们必须努力挣扎斗争，只有这样当我们回顾自己的人生时，即便徒劳无功，也会得到最大的安慰而不是恐慌不安地过活。

其实，大家可能有所不知，除了悟知性格和经验性性格之外，还存在另外一种性格，这就是人们在生活中由于社会风习而具有的获得性格。当人们在赞许或责备一个人有无品格时，说的就是获得性格。人并不是时刻都很了解自己的，事实上在获得一定程度的真正的自我认识之前，人经常对自己不甚了解。所以，虽然经验性性格作为悟知性格的现象是不变的、前后一贯的，但人们并不能因此就认为没有必要通过经验和反省思考而获得性格。

经验性性格作为单纯的自然冲动，是非理性的。所以若只单纯依靠经验性性格根本不能了解自己的根本欲求是什么，这一目的的达成还需要获得性格的帮助。并且如果没有获得性格，我们就会在众多的目标面前无所适从，不能把一个选定的目标坚持下去。若我们不能一贯而终，也就是在生活中不能放弃一切不相干的要求或对一切别的东西弃权，就不能真正严肃地追求享受、荣誉、财富、科学，艺术或美德中的任何一种。一个人仅有欲求和才能是不够的，还必须知道他要的是什么，能做的是什么。只有这样，他才能在现实中真实地显出自己的性格。否则尽管他的经验性性格有着自然的一贯性，但他并不能算作有性格。并且尽管他能走完自己的人生道路，但必然会被自己灵魂中的恶魔所控制，走上一条弯路，摇摆不定，迂回转折，最终懊悔痛苦不已。

这一切都是因为他没有获得自己的性格，只能盲目地追随别人而找不到真正适合自己的方向。人也必须获得性格才能收获幸福，就像鱼只有在水中，鸟只有在天空，鼹鼠只有在地下才能感到舒适一样，人也只能在和他相适应的环境中才感到舒适。如果他违背了自己的天性，那么就算他辛勤地走完自己的一生也不会觉得幸福。

当我们开始从生活的经验中学会认识自己的欲求是什么、自己能做的是什么的时候，我们也就拥有世人称之为品格的性格了。获得性格能使自己最大限度地、完整地认识到自己的个性，它是对自己经验性性格的不变属性，是对自己精神肉体各种力量的限度和方向，是对于自己个性全部优点和弱点的抽象认识。只有拥有性格，我们才能通过冷静的思考然后有方法地去扮演自己一旦承担就不再变更的那个角色，并把那由于个人的天性而具有必然性的行为方式提升为具有明确意识的最高规范。

这样一来，我们就能坚定不移地完成自己的行为方式，不被其他因素所阻碍。在这个时候，我们就是在普遍性上认识到了自己的意志，所以不会再让自己被一时的情绪或外来的诱惑所误导，甚至能在个别场合做出在全局中和经验的意志相反的决断。这样我们也就可以坦然自若地既认识了我们的优点和长处，又认识了我们的缺点和短处。当我们在确定目标或者面对机遇时，对于力所不能及的，就会处之以知足而不强求的态度，那么我们真正摆脱了一切苦难中最尖锐的痛苦——自己对自己的不满。

到此，我们就完成了对获得性格的阐述。这种性格的论述与悟知性格、经验性性格的论述是同样重要的。对于前面两种性格我们曾不得不进行较为详尽的考察，这是为了便于我们弄明白意志在意志的一切现象中是如何服从必然性的，而它本身如何同时又是自由的，甚至是可以称之为全能的。

五十六

这种自由，这种全能，可以说是整个可见的世界，亦即它的现象使得整个世界都变成了它的现实，都是作为它的表出和写照而存在，并且是按认识的形式带来的规律而向前发展的。现在，在它最完全的现象中，在它对自己的本质已获得完全恰如其分的认识时，它又可重现出来，可以表现出自己的本质。就是说它之所以表现出来，不外两途：一种是它在思虑成熟和自我意识的最高峰，仍然还追求它曾经盲目地不自觉地欲求过的东西，那么，认识在这里无论是个别的还是整个的，都依然还是它的动机；另一种是这一动机成为它的清净剂而平息下来，进而取消一切欲求。

这就是在前面曾概括地提出过的生命意志之肯定和否定，这种肯定和否定，就个体的转变这方面，只校正一般的而不校正个别的意志表出，只校正而不破坏性格的发展，也不表现于个别行为中，而只是由于此前整个的行为方式愈益加强了作用，或是相反，由于这些行为方式的消失，就生动地表示出了意志在获得认识之后所自由采用的那些最高规范。并且我们会用这样的方式来考察生命本身——最大限度地概括地认识意志本身，认识生命对于意志的肯定究竟会是怎样，这肯定是以什么样的方式、在什么程度上来满足意志，并且何以能满足意志。一句话，我们应该怎样来看待意志一般的本质。

首先我们来回忆一下在第二篇结束时我们考察的内容。通过那一篇的讨论我们已经知道意志在它现象的任何级别上都是完全没有目标和目的的，也就是没有最终的目标和目的。意志一直不断地向前挣扎，但没有最终目标能使这种挣扎停止，虽然这过程中会有偶尔出现的目标能够使意志获得短暂的满足，但满足过后不得不继续向另一个目标挣扎，以至无穷。这种挣扎我们在整个世界中都能看到，包括最简单的自然现象。

在重力上，就已看到过的。重力朝着中心不停的实施作用力，即使宇宙成为了一点，也不会消失，而如果真正成为了一个极点，所有一切都会消失。我们在很多自然现象中都能看到这样的例子。例如固体向液态挣扎，只有在液态的情况下，物质才能得到相对的自由，因为固体性是这些性能的牢狱，这些性能是被低温关闭在这牢狱之中的。液态也会朝着气态挣扎，只要解除了各种压力，立刻就会发生液态转气态这一转变。没有一个物体没有亲和力，亦即没有挣扎的企向。电就在无穷无尽地传导它内在的自我分化，尽管地球的质量吞噬了这一作用。化学发电也只要电源金属柱还活跃，同样是一种没有目的而不断重复的自我分化和中和的作用。

植物也同样如此，总是在不停地挣扎着，即使它的生命到达了终点，变成了一粒种子，也仍旧要重新发芽开始。同时我们将从第二篇里回忆到各式各样的自然力和有机物的形式到处都在互相争夺物质。这些自然力和有机物的形式都要在物质上显现，于是这一个所要占领的只能是它从另一个夺来的，这就经常维持着一种你死我活的斗争。这种斗争主要是产生一个阻力，到处阻碍着构成每一事物最内在本质的挣扎，使之徒劳地冲动而又不能摆脱自己的本质，一直折磨着自己直到一个现象消灭而另一个现象又贪婪地获取了先前现象的地位和物质。

我们早已把构成每一物自在的本身及其内核的挣扎和最明晰地、在最充分的意识的光辉照耀下在我们身上表现的叫做意志的东西看作同一回事。意志达不到目标、受到阻碍时就会痛苦，达到目标时会满足和幸福，但这种满足和幸福会很快变成无聊，然后开始新的追求。这新的追求必然还会受到阻碍，因此我们会继续痛苦。这追求和挣扎的过程没有尽头，我们的痛苦也因此无法衡量，没有尽头，这种痛苦的程度也会因为认识的清晰而更加深。

在无认识的自然界中，只有具有发现力的人类通过加强注意力才能勉强发现这种情况；在有认识的自然界，在动物那里，这种情况就十分明显了；而在人的生活中，这种情况就最清楚不过了。认识会随着意志现象级别的不断增加，而更加的清晰，痛苦也因此日益显著。所以有人说，谁的认识程度越高，谁的痛苦就会越深，这是十分正确的。我们也可以由此得来，生命的本质就是痛苦，这不仅在人的生存中可以证实，在动物界同样可以证实，只不过表现的程度不同而已。

五十七

在认识的观照中，意识通过个体得以体现。人若能够感受无限的时空，便会感觉到自己如沧海一粟。时空的无限延伸，决定了人所处的时空、时间都是一个相对的概念。而个体的时空存在只是无限时空的极小部分，所以真正的个体只存在于此时此刻。个体过去的生命，除了那些结果以及关于意志存在的证据，都在时间中烟消云散，个体不断的淡忘过去，也是在情理之中的。现在不断变为过去，未来短暂而又未知。

如果从形体方面来看个体生存，如身体在成长的过程中经常被阻拦却尚未跌倒，在年龄增长的过程中经常被阻拦却尚未死亡，这些都只是推迟了死亡的时间而已。所以，我们明知道最终会走向死亡，但还是积极地想要活下去。

欲望和折磨是人的本职，而欲望的基础是需求，需求得不到满足，就产生了痛苦，在大部分时间，人很难满足自己的需求，所以痛苦总是伴随着人。相反，当易于获得的满足消除了人的欲望对象时，空虚和无聊又会接踵而来，所以人生处于痛苦和无聊之间就像钟摆一样来回摇摆。事实上，痛苦和无聊二者也就是人生的最后内容。那不断的追求所带来的折磨就是意志的本质，意志需要一个生命作为载体，同时意志肩负着延续这生命载体的义务。人作为意志最完善的客体化，也是意志客体化的最高级别，所以人必然也是一切生物中需求最多的生物。

可以说，人本身就是彻底的具体的欲求和需要，是无数需求的集合。人带着这些需求活在世上，除自己外无依无靠。整个人生也是非常沉重，因为每天一打开门，就要面对那些为了维护生存而出现的各种各样的担忧。同时，各种各样的危险又从各个方面威胁着人，为了避免这些危险他不得不时刻保持警惕性。他经常性地警惕，胆战心惊地生活，因为有无数的偶然、意外在他四周，任何人都可能成为他的敌人，在荒野中如此，在文明社会也同样如此，这一切使得他在任何时间任何地方都不可能拥有真正的安全感。

大多数人的一生就是为了这艰难的生存而进行的永无休止的斗争，同时因为畏惧死亡而让他们也只能坚持斗争下去。但是，那最后的、不可避免、不可挽救的触礁，还是会作为人生航程的最终目的地出现。并且这最终的归宿比航程中所有的暗礁都危险，是不可避免的。然而值得我们注意的是，一方面，人的苦痛是那样容易滋生，另一方面，人避免了痛苦之后，会产生更多的空虚。因而我们在生物界可以看到这样的情形，生存压力会让人不断地投入到痛苦的忙碌中，可一旦他们的生存稳定了，不用再为生计而奔波时，又会产生无聊和空虚。

这样一来，我们会看到，所有人在无忧无虑之后仍然难以得到真正的安逸，当没有什么缘由时他们就会把自己本身当作包袱。空虚无聊绝不是无足轻重的，它最终会引发人们彻底的绝望。费城的忏悔院以寂寞、空虚、无聊作为惩罚的工具，这种工具比任何刑具都残酷，它们会导致囚犯们的自杀。困苦乏味是平民群众的日常灾难，而空虚无聊则是上层社会的日常灾难。可以说，任何人的人生都是在痛苦和空虚中度过的。愿望在其本性上便意味着痛苦，愿望的满足点也就是厌恶的产生点。目标形同虚设，占有一物也就意味着这一物便没有了诱惑，于是愿望、需求又在新的形势下卷土重来。若没有新的欲望,寂寞空虚无聊也会随之而起。任何人消除痛苦的结果其实只是消除了痛苦的形态。这一形态中的痛苦一旦消除成功了,那么立刻就会有各种各样的不同形态的痛苦接踵而来，按年龄和境遇更替变换,如痴情、忌妒、情敌、仇恨、恐惧、好名、爱财、疾病等等。最后,如果痛苦再也找不到一种形态侵入进来,它就会伪装成空虚无聊混进来,于是又得想办法来消除空虚无聊。

任何人生都是在痛苦和空虚无聊之间摇来荡去。尽管这个发现是那么令人沮丧,但我还是要引导人们注意并发现这样一个观点,即如果我们能真正体会到痛苦是生命的本质和不可避免的命运,认识到即便消除了一个痛苦其他痛苦又会很快替代,那么我们何不用斯多噶派的不动心境界来坦然处之呢?从而也就不会再为了所谓的幸福而奔波劳碌,焦虑不安。

此外,人的苦乐根本就是天赋的,这种天赋虽然也会因时期的不同以及生理状况的不同有所增减,但总体来说却是一成不变的。当不同程度的痛苦同时存在时,巨大的痛苦常常掩盖我们对较小伤痛的感受。但在没有大痛苦的情况下,即使是微小的创伤也让我们感到难以忍受。而当我们神往已久的幸福到来之后,随着时间的流逝,这种幸福感会逐层递减最后到消逝。

所以,我们强烈追求的幸福感只有在变化之初发生的那一瞬间才异乎寻常地刺激我们的感受。但过度的快乐和激烈的痛苦却会经常出现在同一个人的身上,因为两者互为条件,又同样以精神的高度活跃为条件,所以它们总是源于错误和幻觉。也正是因为这个原因,人们在事后必然会从这类个别的幻觉中醒来。并且,幻觉能够带来多少快乐,在它破灭以后就会以同样多的痛苦来抵偿。但我们在一般情况下总是禁锢着自己,不让自己认识到生命在本质上其实是痛苦。因而痛苦不是从外面进来的,而是我们内心里隐藏着痛苦的源泉。

在人生中，我们孜孜不倦地从一个愿望奔向另一个愿望，但每一个具体的愿望只能带给我们短暂的满足，随之而来的是更大的痛苦，原因就在于此。

五十八

幸福在本质上是消极的，它不是由于其本身的价值而给予我们一种恩惠。幸福之所以存在，是因为痛苦的消除，没有痛苦就没有幸福，因为痛苦的存在，我们才有了消除痛苦的动力。如果这个愿望实现了，我们就会得到满足，从而幸福也就随之产生。但这只是一个短暂的瞬间，随着愿望的满足，享受也随即结束，不久就又回到之前的痛苦状态。因此，满足或获得幸福除了是从痛苦，从困窘中获得解放外，不能再有更多了。

原来要得到这种解放，需要有各种痛苦的纠缠不休，痛苦让我们的安宁不复存在，甚至让我们背负生活的重担。可是要达到这一点，要坚持一点什么，又是那么困难。每一种打算都有无穷的苦难和艰苦与它作对，每走一步，前面又堆积了障碍物。即便是最后我们所有的愿望都实现了，还是会有新的痛苦需要去排除，所以生命的主基调，依然是痛苦。

由于这个道理，我们不必要去过分追求财富之类所带给我们的片刻欢愉。这是因为，这些财富和有利条件给我们带来的幸福也只能是消极的，不过是暂时的而已。直到我们丧失了这些东西，我们才意识到这些东西的价值。在某种意义上，缺陷、痛苦才是积极的东西。

所以我们能够这样说，幸福，所有的幸福，都是消极的，不是积极性质的。正因如此，一切幸福也只是过眼云烟，不会是持久的满足和福泽，而长久的只能是从痛苦或缺陷中获得的解放。而解放，则意味着新的痛苦的到来，或是沉闷，亦即空洞的向往和无聊等等。这一切都存在于世界和生活本质的忠实反映中。这一点，在艺术中可以得到印证。在史诗或戏剧作品中，都不会出现所谓的长久不衰的幸福，艺术能够表现的只有为幸福而进行的努力和奋斗。史诗或戏剧的结局一般都是主人公经历千辛万苦，终于过上了幸福快乐的生活。然后就结束了，而不会也不能再长篇大论地描述主人公的幸福。这是因为，幸福只不过是跟主人公开了一个玩笑，当到达曾经梦想可以找到的幸福的目标时，发现并不比之前美妙的多。

田园诗的目的固然是描写这样的幸福，可是田园诗永远不能完成这个任务，这是人们的普遍共识。田园诗在诗人手里总是不知不觉地变成了叙事诗，也就只是一种意味不明显的史诗，只是由琐碎的痛苦、琐碎的欢乐和琐碎的奋斗组成的，这是最常见的情况。或者田园诗不知不觉地变成了单纯写景的诗，描写大自然的美。

这本来就是纯粹的不带意志的认识，这诚然也是唯一的纯粹的幸福，事前既无痛苦和需求，事后也不必有懊悔、痛苦、空虚、烦躁。幸福并不能充满整个生命，而只能存在于整个生命的一些瞬间。音乐同样如此，曲调总是基音的变化，经过千百种巧妙的曲折在经历了令人痛苦的非谐音之后，又再回到基音。这基音就表示着意志的满足和安宁，也就是幸福感。可是之后，基音又毫无意义。

这些考察所要弄明白的一切，如持久满足的无法达到，如一切幸福的消极性，都在第二篇结尾处所指出的那一点中解释过了，即是说意志是一种没有目标、没有止境的挣扎，而意志客体化就是人的生命以及任何一切现象。我们还可以看到意志的整个现象以及所有的各个部分都被打上了这种无止境的烙印，从这些部分现象最普遍的形式起，从时间和空间的无尽起，直到一切现象中最完善的一种，到人的生命的挣扎为止，都是这样的。

在理论上，人生有三种极端可以被看作是现实人生的基本因素，第一是强大的意欲和激情，这主要出现在伟大的历史人物身上，是史诗和戏剧中所描写的。不过这也是在狭小的生活圈子里看得到的，因为目标的大小在这里不是按外在情况而是按这些目标触动意志到什么程度来衡量的。第二是纯粹的认识，是理念的体会，这是以认识摆脱为意志服务作前提的，即天才的生活。第三是最大限度的意志麻木和认识麻木。即空洞冥想，使生命僵化的空虚无聊。

我们的常态化生活并不是经常出现在一个端点上的，而且也不是常常能够接触到这些端点。多数时间只是时而接近其中的一个极端，时而接近另一个极端。很多人的生活不仅在外表上看是毫无意义的，在实质上也是空洞的，没有任何意义。这些人好像钟表，上好发条就开始运动，但并不知道为什么要进行这运动。一个人的诞生和离世，也就并不离奇。每一个人就是一个人生的钟，上好了发条，持续不停但毫无意义，纯粹而单调地重复着走完一生。

任何人的生活，如果从整个的、一般的去看都会是一个悲剧，但如果仔细观察的话，其中又会有些戏剧性的特色。这是因为一日内间的蝇营狗苟和辛苦劳顿，一刻之内不停的别扭淘气，一周之内的愿望与忧惧，每小时的岔子，借助于经常准备着戏弄人的偶然巧合，就都是一些喜剧镜头。可是那些从未实现的愿望、虚掷了的挣扎、被命运毫不留情地践踏了的希望、耽误了一辈子的倒霉的错误，以及那些愈益增加的痛苦和最后的死亡，汇集在一起就演出了一场普普通通的悲剧。这样,命运就似乎在给我们带来了终生痛苦之后还要再加以讽刺和嘲笑,我们的生命已经注定逃脱不了悲剧所带来的创伤,可是我们同时还不能以有尊严的悲剧人物自许,而不得不在生活的众多细节中不可避免地成为一些猥琐的喜剧角色。

虽然有各种各样的烦恼会伴随我们的一生,但仍然不能使我们生活获得精神上的充实。而且还因此会出现另一个问题,为了逃离这无数的烦恼,人们开始幻想一些幸福幻影,并且在人的精神中会制造出一个幻想的世界。为了这个世界,在真实的生活中只要有一点空闲,人们就会想方设法来获得这个幻想出的世界,以致浪费无数的时间和精力。

五十九

我们已经用最概括的方式,描绘出了人生最为基本的轮廓,在这个范围内,我们自己先验地深信人生在本质上是不可能有真正的幸福的。并且我们关于这不可避免的、基于生命本质的痛苦所做出的论证完全是冷静的、哲学的,是从一般出发和先验推论出来的。

并且,这个结论在经验中也是十分容易得到证实的。可以说,任何一个从短暂的幻梦中醒来的人,只要冷静地思考过,就很容易认识到下面这个结论,即这看似美好的未知的人世间其实充满着痛苦和错误,它们在这里无情地支配着一切,愚昧和恶毒挥动着皮鞭,思想王国里的荒谬和悖论,艺术王国里的庸俗和乏味,行为王国里的恶毒和狡诈,这些在真实世界里都能维持其统治权，只在偶尔会存有例外，会出现短暂的美好与幸福。也就是说，任何好的东西其实是很少见的，是偶尔存在的，往往只有几百万分之一的可能。

痛苦作为人生的本质和必然状况，是任何力量都无法改变的。这痛苦产生于生命本身，而生命又是意志的现象，所以问题最终的解决仍要回到意志本身，有些人期望通过神、上帝来获得生命的解脱注定是徒劳的。任何一部生活史都是一部痛苦史。《哈姆雷特》中的一段独白对这做了典型的概括，我们的处境是这样痛苦，离开人世都比这痛苦的存活要好。可是在我们内心还有另外一个声音在对我们说，事情还不是这样的，这样做并不意味着结束，死亡也不意味着绝对的毁灭。历史的始祖已做出与此相同的论述，大概后来也从没有人反对过，他说，人都是这样的，在一生中会有好几次不想活下去了。照这个说法，人们如此屡屡埋怨的生命之短促也许反而是合适的了。最后，人们如果还是要把那些可怕的，敞开生活之门便无法拒绝的痛苦和折磨展现在每一个人的眼前，这人就会被恐惧所笼罩而感到战栗。

但丁的《炼狱》看似荒诞，其实也取材于现实生活，除此之外他还能在哪找到素材呢。我们也可以看到，但丁在描写天堂的幸福时显得力不从心，也正是因为我们这个世界不能为此提供一点儿材料。因此除了不写天堂的快乐而只给我们复述他的祖先，他的碧璀斯和一些圣者们在天堂里对他讲的教训之外，就没有其他可做的事了。这也充分表明了这是一个什么样的世界。

诚然，我们的生活也像是一件低档的商品，外表上都敷有一层虚假的光彩。所有的痛苦都会被掩饰，而那些冠冕堂皇、多姿多彩的东西总是要被拿出来炫耀的。内心越是有欠缺，就越希望在别人眼中被看作是幸运儿。人们的愚昧可以达到这种地步，以至将别人的意见当作自己奋发努力的主要目标。虚荣这一词的原意在所有的语言文字中几乎都是一致地意味着空洞和虚无,也就是说这种做法根本就是毫无意义的。在这一切骗人的戏法面前,生命的痛苦还是很容易激增,并且每天都在产生。

是的,命运如果真使出它全部的阴险,就会将那些受苦的人最后一点希望都毁灭掉,从而使这些人不得不留在无情的敌人手里忍受着残酷的慢性折磨,无药可救。这时,受折磨的人叫天天不应叫地地不灵,他只能留在命运的手掌里得不到任何救赎。这个无药可救正是反映他意志不可驯服的一面镜子,而意志的客体性就是他本身。正和外来力量不能改变或消除这一意志一样,任何外来的力量也不能为他解除痛苦,痛苦是从生命中产生的,而生命又是意志显出的现象。也就是说人能依靠的只有自己。

《旧约全书》既已把世界和人类当做一个上帝的创造物,那么《新约全书》为了教人知道获救及解脱这世界的痛苦就只能从这世界自身出发,就必须把上帝塑造成人的形象。人的意志现在是,以后继续还是他的一切赖以为转移的东西。各种信仰、各种名目的忏悔者、殉道者、圣者等所以甘愿而乐意忍受任何酷刑,是因为这些人的生命意志已经被他们自己取消了,所以即令是意志的现象的慢性毁灭也是他们所欢迎的了。不过这是后文要详细论述的,这里就不抢先说了。此外,在我看来,乐观主义只不过是只会说空话、没有思想、拥有荒诞的想法并且是真正丧德的想法的代名词,是作为对人类无名痛苦的恶毒讽刺而出现的。人们不要以为基督教义是有利于乐观主义的繁衍的,其实正好相反,在《福音书》中,世界和灾难几乎可以被当作同义词来看待。

六十

如今对于意志自身的自由和意志现象的必然性我们已作了必要的分析,且分析了意志在反映着它本质的世界里所具有的命运,以及意志在获得这种认识之后对自己的肯定或者否定。

那么,我们从现在开始,就要使这种肯定以及否定本身变得更加清晰,因为我们接下来就要论述意志的肯定和否定唯一得以展现的行为方式,并按其内在意义来进行考察。意志的肯定就是不为任何认识所干扰的,表现在人类生活中最常见的欲求本身。人的身体是意志客体化的最高级别,所以我们也可以用身体的肯定来代替意志的肯定来进行考察。

所有复杂的意志活动,其基本内容总是满足需求,而需求却是建立在存在着的身体的基础之上的,它表现在身体的存活中,同时可以进一步还原到个体的生存和种族的繁衍。动机就是在这样的活动中来显现影响意志的力量,每个具体活动都是表现意志的一个样本。意志也只有透过这样的动机才能显现出来,好比眼睛只有在有光线的情况下才能表现出视觉能力一样。如果动机所引发的目的达到了,它立即又会以另一形态出现,在这一形态中重新推动意志,并且总是按意志的激烈程度和它对于认识的关系两者进行推动,而这两者又正是由于那些样品和标本而显现为验知性格的。我们的意识从产生之初,就是与欲求紧紧相随的,并且先验地知道自己的认识和意志有着稳定的关系。人最急切的任务其实是找到欲求的对象,其次便是如何满足自己的欲求。只要认识了这两点，在一般情况下，他就不会再对别的东西产生好奇，因为这时候就要开始根据这些认识进行行动，进而获取这些对象了。

这整个过程几乎包括了生命的全部本质，他们了解自己的欲求，然后去实现这些欲求，在这个过程中如果取得成就，就会化作动力支持他们继续追求；而如果没有取得成就，则失败会使他们感到无聊与空虚。大多数人都是被欲求牵引着过一生，没有深思的机会，因而也可以说是贫乏的一生。如果说对身体的维护依靠身体自身的力量就可以实现，那么可以说明意志肯定的程度是如此的轻微。即是说如果意志真愿意这样做的话，则我们可以假设在人身上显现的意志是随身体的死亡而消失的。可事实已经证明，性欲的满足已经超出了本人生存的能力。人在时间上的存留是如此短促，性欲的满足却保证了生命可以延伸至个体的死亡以后，直到永远。性欲的满足是生命意志最强烈的肯定，作为生殖行为的内在意义，将永恒的存在于自然之中。

自我的意识，强烈的冲动，都告诉我们在这一行为中表现出来的是最坚决的生命意志的肯定，纯粹而不带其他杂质，于是作为这行为的结果而出现于时间和因果系列之中，亦即出现于自然之中的是一个新的生命。这被生者来到孕育者面前，在现象上和后者虽然有所不同，但在本体上或理念上是等同的。因此生物的族系借以各自联成一个整体的，作为这样的整体而永远延续下去的，就是这一行为。就母体来说，生殖只是她坚决肯定生命意志的表现或表征；对新个体来说，生殖并不是在他身上显现的意志的根据，因为意志自身既不知有何种根据，也不知有何种结论，生殖和一切原因一样，只是意志在此时此地显现的偶然原因。作为物自体，母体的意志和新个体的意志并没有什么不同，因为它们都作为现象而服从个体化原理。

当这一个新个体形成的时候,附属于生命现象的痛苦和死亡也一同重新被肯定,而由最完善的认识能力带来的解脱的可能性,在这儿却宣布无效了。

在这里,人们对于生殖行为的害羞有着深远的根由。这一见解在基督教义中是以神话表述出来的,即是说对于亚当的陷于罪也就是对性欲的满足,我们一切人都有份,并且由于这种罪,我们就活该有痛苦和死亡。宗教教义在这里已经超出了按根据律进行的考察而认识到人的理念,理念的统一性则由联结一切的这根生殖的纽带,而在分散为无数个体的分化中恢复过来了。根据这一点,这种教义一面把每一个个体看作和亚当,也就是生命肯定的代表是等同的。就这方面说,每一个个体都注定要犯罪,要痛苦,要死亡。另一方面,对于理念的认识又使这教义指出每一个个体和救主,与否定生命的代表是等同的。就这方面说,每一个个体对于救主的自我牺牲都有份,都是由于救主的功德而得到解脱的,都是从罪恶和死亡,亦即从这世界的束缚中得到了救赎。

我们把性的满足当作超出个体生命的生命意志之肯定,当作由于性的满足才终于落到个体生命的掌心里,亦即当作重新写卖身文契给生命,对此还有一个神话式的表述,那就是关于普罗赛宾娜的希腊神话。普罗赛宾娜如果没有吃阴间的果子,她就还有可能从阴间返回,但是由于她已享受了一颗石榴,所以就完全陷入阴间了。克利门斯·亚历山大也用同样的形象和同样的语言指出这一问题,那些为了天国而割舍自己一切罪恶的人们,他们是幸福的,清醒的,不为尘世所污。性冲动作为坚决的最强烈的生命的肯定还有一个证据,那就是对自然人和动物来说,这冲动都是生活的最后目的和最高目标。

在自然界中,自我保存可以说是自然人和动物的第一步努力。只有在完成了这一步后,他们剩下的时间才可以开始追求种族的繁衍。古代诗人和哲人——巴门尼德很有意味地说爱神是原始的造物主,是一切事物繁衍的原则。柏拉图在《蒂迈欧篇》中记载斐瑞居德(古希腊思想家,古希腊数学家毕达哥拉斯的老师——编译者注)曾说过:“宙斯在创造世界的时候,把自己变成了爱神厄洛斯。”在薛曼《宇宙论上的爱欲》里有对这一问题的更详尽讨论。然而,性器官比身体上任何其他外露的器官都更加服从意志而不服从认识。性器官可以说是意志的真正焦点,因此,它和脑——认识的代表一起作为表象世界的两个极点而存在。性器官是维系生命,在时间上保证生命永恒的最基本原则。所以希腊人会在“菲勒斯”(“Phallus”的音译,指男性生殖器——编译者注)中崇拜它,印度人在棱迦(“Lingam”的音译,印度上帝崇拜的标志,与生殖崇拜有关——编译者注)中崇拜它,也就是说,这些东西都是意志的肯定的象征。

在第四篇的开始,我们就已经详细考察过生命意志在它的肯定中应正确看待它与死亡的关系,也就是死亡并不违背生命意志,因为死亡本身就包含在生命中,并且是作为附属于生命的东西而存在的。而生作为死的反面,则和死亡保持着平衡关系,并且即使个体死亡,生仍然永远被生命意志所捍卫着,保障着生命。但大多数人并不能清醒地认识到这一点,他们一般都坚决地只肯定生而惧怕死,这一观点就导致了人必然要处于无尽的痛苦之中。但这也并不需要埋怨,因为正是在这痛苦中意志才肯定了自己。于是一种公平的状况随之出现,意志忍受着痛苦,但又通过这痛苦肯定了自己。也正是在这里,才可能会产生永恒公道。但在详细论述永恒公道之前我们要先谈谈人间的公道,或者说是带有时间性的公道。

六十一

我们在第二篇里已经知道，在整个自然世界中，在意志客体化的一切级别上，在一切种族和个体之间，必然会进行永不停歇的争斗，而生命意志客体化的斗争也表现出了生命意志和自己的内在矛盾。在客体化的最高级别上，这一斗争现象和其他一切现象一样，同时表现得更为明确，因为还可以深入阐发。为此，我们先要从源头来探讨利己主义，因为利己主义是一切斗争的出发点。

时间和空间使这个世界具有了杂多性，所以前面我们把时空称为个体化原理。意志虽然借助杂多性也就是通过个体来显现自己，但这种杂多性只是意志的现象，而与物自体无关。每一个现象中的意志都是完整的，它周围的个体意志是同自己一样的复制品。每个个体的意志都能从个体内部找到真正的实在，也就是它自己。对于人类也同样如此，每个人都想让一切为了自己而存在，占有一切，起码控制一切，反对它的则要统统毁灭。

在这个世界中，个体以外的一切东西，包括其他个体，都在这个个体的表象中。世界对于个体意志而言，会随同它的消灭而消灭，所以世界是否真实存在也就没有任何意义了。个体充满了宇宙，宇宙体现在诸个体之中。并且不需要反思和对比，个体就可以直接认识这一点。因此，人自有意识开始，就先验地认为无论自己与宇宙相比有多么渺小，仍然会以自己为中心，并且所有的行为都会把自己的幸福放在其他一切的考虑之前，当幸福不能被满足时，不惜为此牺牲一切甚至毁灭世界。这种心理就是利己主义。它公开表明了意志和它的内在矛盾。

利己主义的存在是因为个体的小宇宙和世界这个大宇宙二者之间的对立，但这都只限于表象之间。意志的客体化能完整地显现于每一个体中，与此同时，每个个体都把自己作为完整的意志，把其他意志作为自己的表象。所以自身的生存就被放在了所有一切之上。并且个体把自己的死当成世界末日，对于他人的死则满不在乎。在整个进程中，利己主义常以可怕的形式出现，在暴君和恶人的生活中、在战争中，或者在滑稽剧中表现为自负和虚荣。最显著的表现则是一旦没有了法律和秩序的约束，被利己主义充满的人则会立即如同狼与狼一样各自为敌，像霍布斯《利维坦》的第一章所描绘的那样。每个人不仅绞尽心机夺取自己想要的，甚至为了一点利益就会以毁灭他人的全部幸福和生命为代价。这也是利己主义的最高表现。超出这一最高表现的是损人不利己的行为，也就是恶毒。对恶毒的更具体论述会在下面进行。

生命的本质都避免不了痛苦，而痛苦的主要来源就是生命意志在个体化原理中的矛盾。自然界中的人兽搏斗就是把这种矛盾形象化的显现。在这原始的分歧对立中，尽管人们以此采取了措施，仍然存在着痛苦所自来的一个不竭的源泉。我们现在就立即来进一步考察这个源泉。

六十二

在前面我们讨论过，最简单的生命意志的肯定仅仅只是自己身体的肯定，这种肯定表现为身体的保存，是借这身体本身各种力量的运用来达到目的的。而性冲动的满足同这种保存联系在一起，若自愿而无动机的放弃性冲动的满足，就是对生命意志的否定。否定自己的身体就会在意志与自己的表象之间产生矛盾。性器官自存在开始就是繁殖意志的客体化，现在却违背意志，不想繁殖了。所以，放弃色欲是一种痛苦的自我克制。

意志在每个个体中都存在这种对自己身体的自我肯定，但由于利己主义，这种自我肯定就很容易超出肯定的界限而用否定其他有着同样意志的客体来肯定自我。侵入他人的意志或者毁灭他人的肉体，或者强制其为自己服务等行为都是通过否定别人的意志来肯定自己的意志。这种侵入就是所谓的“不义”。当这种“不义”入侵的时候，立即能够感觉到的就是在感情上，以致使被侵入者有直接的精神痛苦。这种痛苦和肉体痛苦或物质损失方面的懊恼完全不同。“不义” 的受害者同侵入者在本质上具有同一个意志，所以这种侵入就成了意志对自己的否定。所以施行“不义”的人也不是立刻就能在抽象中获得，只是作为模糊的感受而获得的。人们常把这种感受叫做“良心上的责备”，或者称之为“不义感”。

在这里我们已在最一般的抽象中分析了“不义”的概念。具体说来，吃人肉的野蛮行为就是不义的最高表现，这是不义在意志客体化的最高级别上最显著的类型，是意志对自己作最大斗争的可怕情景。因为意志客体化的最高级别是人，而吃人则是意志自身斗争的最可怕情况，所以吃人是不义的最高表现。仅次于吃人的是凶杀，它会因为不义感而在人的精神上留下不可治愈的创伤。因为人都是生命意志的体现，所以对生命有无限的留恋，而不义感就是对这留恋的剥夺。再次于凶杀的是使人致残或者打人的行为。还有束缚、奴役别人，以及侵占别人财产都是不义的表现。如果财产是别人劳动的果实，那么侵占别人的财产和奴役别人在本质上就是相同的，两者之间的关系也等同于伤害之于凶杀。这是因为根据我们对不义的解释，财产只能是自己劳动的所得，侵占就意味着实施不义。侵占他人的财产等于是侵占他人的劳力，从而等于是侵入他人的意志。由此，也得出了财产所有权是以劳动加工为根据的。在康德以前这就颇为人们所普遍承认的，并且最古老的一种法典说得明确而优美："熟悉古代的智者们说，谁铲除了田野里的树木，把田野打扫干净，犁过了，这块耕地就为他所有；正如谁是第一个给予一只羚羊致命伤的，这羚羊就属于他一样。"(《摩奴法典IX》，第44页。)在我看来，康德的全部法理学是一些互相牵混的错误很特别地交织在一起，我认为这只能以康德老年的衰弱来解释。他以优先占有作为财产所有权的根据，也就是说只要自己宣布不许他人再使用这件东西，就意味着自己对这件东西的占有具有合法性。但这种宣告本身还需要一个合法依据作为保证，而不是以自身为依据。只凭自己的宣称而没有其他根据就占有一件东西，当他人不承认这种宣称的时候，怎么可以说是不义呢？所以根本没有什么合法占有，而只有合法获得，这种合法性在于它是靠自己的劳力来获取。所以夺取他人的劳动成果，哪怕是极其微小的成果，都是不义行为。同时如果一件东西只是用来享用，而不用自己的劳力对其进行加工和保护，此时对外宣称对其的占有，是不具有合法性的。所以说即使一个家族在一个世纪以来就是独自在一个猎区行猎,但如果他们没有做什么来改进这个猎区,如果现在有新来的外人也要在这里围猎,那这个家族是没有丝毫理由反对和驱逐别人的。所以优先占有权完全没有根据。对立足于此的人,一句话就可以进行反驳,就是“因为你已经享受的足够久了,所以该由别人享受了”。

不对某物进行改进和保护也就不可能拥有独占权。这种占有只有在一些人为了回报某人在某些方面的贡献而自愿出让才具有合法性,但这个前提是已经假定了国家的存在。拥有者对其所拥有的财物有无限的权力,所以可以用交换或者赠与的方式将财产转让给他人,他人就可以用同样的理由来占有该财产,此时的占有才可以作为财产所有权的根据。在施行不义时,无论是用暴力还是用阴谋,在本质上都是一样的,就像杀人用匕首还是毒药是一样的。任何不义的行为都可以还原成个体强制他人以个体自己的意志而不是他人自己的意志服务或行动。暴力的方式是通过物理的因果性实现,而阴谋的方式则是通过动机的因果性,通过使用虚假的动机,使周围人误以为他在按照另一个人的意志行事, 而实际上则是按照他自己的意志。认识是动机的媒介,所以实施阴谋者通过使他人在认识上产生错误来达到自己的目的,就是欺骗。

但欺骗的目的在于影响他人的意志,而不仅仅是认识。在认识上进行欺骗只是手段。欺骗他人是从自己的意志出发的,因此也需要一个动机,这动机是不仅要能影响别人的认识还要能控制别人的意志。因为这种认识不会对自己的意志有影响,所以也就无法推动自己的意志,同时这个动机并不是产生于自己的意志,而只有控制别人才是自己的动机。普通的欺骗是如此,恶作剧式的欺骗也是如此。恶作剧是别人因自己的误导而产生认识上的错误并在导致的痛苦上面取乐。甚至单纯的吹牛也是通过对他人的意志施加影响从而从他人身上获得额外的尊重和更好的评价。

不发一言，本身不是不义，但是骗人上当却是不义。不给迷途的人指出正确的路并不是不义，但故意指错路则是不义。欺骗和暴行一样是不义，因为二者的目的都是把自己的意志侵入他人的意志中去，通过否定他人来肯定自己，进而达到对自己有利的目的。毁约是最彻底的欺骗。因为立约时，他人承担的义务是自己承担义务的动机，两者经过正式交换，彼此掌握的都是对方的真实性。如果对方毁约，就是对自己的欺骗。用虚假的动机来扰乱自己的认识，以左右自己的意志，毁约就是将他的意志侵入到自己的意志中，所以是彻底的不义。所有的契约在道德上拥有合法性也正是源于此。

就不义的施行者来说，使用暴力还没有使用阴谋那么可耻，因为暴力的不义是从体魄的力量产生的，而体魄的力量在一切情况之下都是使世人震惊和佩服的。阴谋则相反，泄漏了施行者的懦弱，从体力和道德上贬低了其为人。另外，欺骗能成功是因为施行者假装痛恨欺骗，而人们相信了他的谎言。所以欺骗的对立面就是诚信。诚信是一根纽带，它统一了分散于各个体中的意志，并对利己主义由此产生的后果起到限制作用。毁约与背叛则是剪断了联系所有个体意志的纽带，为自私自利敞开了大门。不义是一种行为属性，它扩张了自身的意志，以致要通过否定别人的意志来完成这种扩张。我们从实例和概念的等级上规定了不义。不义是原生的、正面的；正义是派生的、反面的。因为如果没有不义就根本谈不上正义。只要不是通过否定他人意志来加强对自己意志的肯定，就是正义的。

所以，单是就纯粹道德的规定这方面看，上述界限就已把一切可能的行为的全部领域划分为不义和正义两个方面了。一种行为，只要不是按上面分析过的方式，在否定别人意志时侵入别人的意志的肯定的范围，就不是不义。例如面对快饿死的人置之不理也不是不义，虽然能够这样做的人已经具备了实施不义的条件。正义概念的原始产生就是使用暴力反抗不义。反抗不是不义，而非此即彼，所以是正义。正义的由来也是因为其动机的正当。对侵入进行反抗是否定他人对自己意志的否定，它除了肯定自己本然的意志之外，没做任何关乎他人的事，所以是正义而不是不义的。也就是说一个人当自己被侵犯的时候，有权利使用一种力量来否定他人对自己的否定，甚至是杀死对方。否定之否定，是肯定，本身就不再是否定了。对否定自己意志的人，任谁都有以自身力量保护自身的强制权。除了以暴制暴，也可以用计谋来对付他人的不义的暴力。要知道在有强制权的地方也可能存在欺骗权。所以强迫那些在对他人的身体施暴之后做出悔改诺言是不具有任何约束力的。所以，在适当的情况下可以用暴力取回被抢的财物，也可以用欺骗取回。若否认这一点的话，就否认了在战争中使用计谋的合法性。

正义和不义只是道德上的规定。它们在意识中能够直接显现出来，所以施行不义者会有一种内在的痛苦，意识到自己的意志过于强烈以致否定了他人的意志，但实际上他人的意志和自己的意志又是一个东西。同时不义的受害人也痛苦地意识到自己的意志被他人否定了，这时候自己可以尽可能地反抗这种否定。不义与正义作为纯道德上的意义，只能从人之为人而不能从人作为公民来说。

在自然状态中，这种意义依然存在，并且是现行法的基础，这也就是所谓的自然法。但是正义与不义只能到达人的自我认识和对他人的自我认识（所谓良心）的阶段，所以称之为道德法会更贴切。自然法在自然状态中并不是总有效，有时候强权会代替正义。自然状态的和谐有赖于每个人都不行不义，但这并不是说每个人都不承受不义。是否承受不义取决于在被侵入时是否拥有力量。正义与不义在自然状态下不是习俗性的，而是道德性的，能够使人人认识到其本性。因为每个人生命意志强度的极不相同，所以道德概念的强度就相当于温度计上的0点，成为区分自己意志是否侵入并否定他人意志的那个临界点。如果有人否认人类行为的纯道德性考察，只从行为的作用与效果来考察，当然可以同霍布斯一样认为正义与不义是传统习俗，并任意采用其他规定来考察人的行为，但不要忘记这只限于现行法以内的行为。

那么，纯粹法学是道德当中的一部分，只与行动的开始有关，而同其承受无关。因为行动是意志的表现，所以道德只考察意志。道德只能间接考察行动的承受，即反抗不义的行为不是不义。讨论这些内容的目的是为了规定一个界限，一则规定当个体肯定其意志时可以发展到的程度，二则规定超出界限的行为为不义，反抗不义的则不是不义。所有内容的考察都是以个人行动为着眼点。

拥有理性使人不仅能看到个体，还能看到群体。当人们发现了生命的本质即是痛苦，便会为了减轻痛苦而做出最大的努力，甚至牺牲个体的利益，但他们也会用这努力过程中所收获的共同利益来补偿所牺牲的。当理性使人意识到群体，就会认识到自身由不义换来的享乐其实是建立在他人的痛苦之上的，而他人也可以用他们的不义来造成自己的痛苦，这两者发生的机会是同等的。如此，为了避免这种情况，最好的解决途径就是所有人都放弃通过施行不义而来的享乐，从而所有人都会避免承受不义的痛苦。

这就是国家契约或法律的由来，柏拉图在《理想国》中已经表述过了。任何国家都是如此起源的，不论它之前是无政府状态还是专制状态。共和国偏向无政府，君主制偏向专制，折中的君主立宪制又偏向议会和政党的统治。但无论是什么性质的国家，若想达到完善，首要的就是培养一些能为公共福利而彻底牺牲个人利益的人。在这种人出现之前，如果家族利益能和国家利益合二为一，则由代表家族的君主来统治整个国家也是可以的。

如果说道德只是划分正义和不义之间的界限的话，那么政治学以及关于立法的学说，就只能作为关注不义的承受。也就说不义的承受是立法的着眼点，是立法所要反对的。在道德上，未施行的不义和已经施行的不义是完全相同的。而对于国家来说，行动才是唯一的实在，而单纯的意志和居心只是从中能看出行动的意义，它们因行动才具有存在的价值。所以国家不禁止思想，而只是用刑罚来规范行动以此来打消施行不义的念头。由此，一部刑法就是一部记录完整的登记簿，记载了打消所有不义的方法。政治学或立法也只不过是从道德中借用了关于正义与不义的界限的规定，并用法律将其巩固起来。

如果说历史学家是笨拙的预言家的话，那么法学家就是严厉的道德家。正义和不义，本来是道德的范畴，但当出发点从积极转向了消极，于是就变成了法律。最近有一种谬论，说国家是从追求道德的努力中产生的，是针对利己主义而建立的促进道德的机构。根据这种谬论，可以推论出意志的自由是可以从外部改变的，这显然不正确。更荒谬的是，有人认为在道德意义上，国家是自由的条件，从而也是德行的条件。可是国家并非从反对利己主义中产生，正好相反，国家是为利己主义服务的，是从统一概括从片面走向普遍的所有利己主义中产生的。与此同时，国家是因为道德行为的不可预期性而产生的。国家不是反对利己主义，而是反对利己主义那些有害的后果。亚里士多德和霍布斯都很好地分析了国家的这一起源和目的。国家如果达到了目的，所表现出来的效果就是仿佛所有人在道德标准上都不想施行不义。而实际上是通过没有人想承受不义而达到的。强制的只能是消极的东西，积极的东西只能在所谓义务这类名词下才可以出现的。

实际的立法就是从反面来应用道德的法则。在实际情况中，立法应该尊重特定民族的原有条件和准则。但是只有立法完全按纯道德法规定，立法才能体现出积极的正义,这样国家才是有道义的团体,才是货真价实的国家,也才是道德所允许的设施机构。否则,立法就成了为不义奠定基础,为不义提供保障的工具,变成强制的不义了。专制政体就是如此。甚至某些国家宪法的部分也是如此,比如人身所有权、强制劳役等。纯粹法学要向立法传达的有如下几条:(1)说明正义和不义概念的内在和本来意义,及其起源、应用和地位。(2)物权法及其相关推论。(3)契约道德效力的引申。(4)国家的起源和目的。(5)刑法的引申。法学的其他内容不过是这些原则在具体生活关系上的应用。这些具体应用在所有教科书上都很一致,但是对于其原则却各不相同。因为这些原则依赖于不同的哲学。下面就主要来谈一谈刑法的引申问题。

康德提出了一个根本错误的主张,他说在国家之外就没有完整的所有权。根据我们上面的论述,在自然状态中也有财产,附带也有完整的、自然的,亦即道德的权利。对于这种权利,侵害了就是不义行为。但不择手段地保护它不受侵害的行为也不是不义。刑事处罚权由现行法律奠定基础。现行法律事先规定了刑罚,以便产生对犯法行为的动机的威慑作用。现行法律建立于所有人同意的契约之上,所有的成员都既有行刑的权利,又有受刑的义务。所以强制受刑是有理由的。

刑罚的直接目的,在个别场合是把法律当作契约来遵守的,可是法律的唯一目的是威慑人不要侵犯别人的权利,因为只是为了每人都有保障而无须承受不义,人们才集结为国家,才放弃施行不义而承担维护国家的责任。所以法律的执行基本是着意于未来而不是着意于过去的。这就是刑罚和报复的区别,后者的动机单是在已经发生了的事故上,也就是只在过去作为上,它除了使他人苦痛以安慰自己曾受的苦痛外,没有其他目的。报复在伦理上是具有负面意义的,他人以不义加于我,不能使我有权以不义加于人。若再将报复权作为刑事处罚权的最后独立原则更是不具有任何意义的,而康德正是犯了这样的错误。谁都无权让自己成为道德的审判员和报复者,社会的安全保障只能使用刑罚来起威慑和预防的作用,但不能用报复作为惩罚的手段。同时刑罚的执行也只是为了维护法律的有效,而不是报复。法律的目的在于防患于未然,预防犯罪发生。

康德派因此可能会反驳说,这不是把人当成了工具和手段吗!人是只能作为目的的。人是目的这点必须在特定的情况下才能使用,不能抽象地强调,否则不仅说明不了什么问题,甚至还会产生新的问题。正如被判处死刑的杀人犯只能被看作工具而不是目的,并且人们为了维护公共治安有权这样做,所以必须把这样的人作为使法律生效的工具。何况,在出生之时每个人作为合法公民都与国家订立契约,他早就把自己的一切都当作抵押品了。现在他违背了契约,抵押品自然得被取走。

那么,我们在国家里就认识到一种工具,那以理性装备起来的利己主义就是企图通过这一工具来回避自己对自己产生的恶果,于是每个人都来促进全体的福利,因为他已看到其中也包括着他自己的福利。如果国家完全达到了它的目的,理论上可能会出现接近极乐世界的情况。但是事实并非如此,第一,国家离它的目的还很远;第二,生活在本质上是带来无数痛苦的坏事,即使所有坏事都被消除,空虚无聊也会代替它们出现;第三,国家不可能将个体间的全部争端都解决掉;最后,国与国之间会因各种地域差异而出现变本加厉的争端,并且没有组织能够解决这种争端。退一步讲,即使这最后的争端也解决了,也会出现超出国家以外的新的争端,比如说人口过剩,它的祸害可能会更大,甚至大到难以预测。

六十三

我们已经认识到，在国家中能够占据一席之地的公正是暂时的报复和惩戒,并看到了这样的公道只有在着眼于未来的时候才能成为公道,因为如果没有这个着眼点,则对于所有罪恶的惩罚和报复都说不通,只是在已经发生了罪恶上添加了第二个罪恶而已,没有任何积极的意义。永恒的公道就完全不同,这种公道也是前面已经提到过的。与刑罚相反,永恒的公道不支配国家而支配世界,它不是偶然的变动的,更不会摇摆也没有错误,它坚实可靠。它超越时间,在时间的作用范围以外,也不靠时间来实现。因为世界就是生命意志的现象,所以世界中任何存在本身及其类别都是从意志中转换而来的。意志是自由的、全能的,世界只是一面反映意志要求的镜子。

世界上任何的苦难都是从意志而来的,依次说来,每一生物根本都是以最严格的公平合理担负着一般的生存,其次是担负着它本族类的生存和它那特有个体的生存。并且完全要看它的个性是如何的,它所在的环境是如何的,所在的世界是如何的,它就是如何担负生存的,也就是说任何生命都先天地为偶然性和错误支配,都是有时间的、无常的、痛苦的。这一切都是由意志本身也就是个体自己所导致的,所以也就是合理的、公平的。因为生命意志的本质即是痛苦,所以人的命运中满是困乏、贫苦、烦恼、折磨和死亡。人天生是一种渺小的存在,甚至从整体来看也可以说是毫无价值的,但这也注定了在整体上他命运的悲惨。在此意义上,我们说世界就是自己的法庭。世界有多少罪恶,自己就有多少烦恼。

认识产生于意志并服务于意志,但仍旧不能掩盖它是意志的客体性这一事实。对于人类这样的个体,认识呈现给他的只是变动不居的现象。于是,他把狂欢和痛苦看成完全不同的东西,并且只紧紧抓住狂欢和享乐不放,对痛苦敬而远之。殊不知当他抓住狂欢的时候也同时抓住了他所害怕的那些痛苦和折磨。他认识不到狂欢与痛苦只是生命意志的不同方面,而愚昧的以为两者完全不同。并且他为了躲避自身的痛苦甚至试图给他人制造痛苦。这种情况类似一个水手妄图通过一叶扁舟来对抗狂暴的怒海。

在满是痛苦的世界中人们的确如此卑微,只能将希望寄托于认识,并坚定不移地相信认识可以拯救他们。他不知道痛苦其实是无时不在的,只看到当下的、暂时的快乐,以为那是最真实的,并想尽办法将它延续和保存。人只有在意识的深处,才模糊地感觉到所有的痛苦其实都是和自身相关的,并从这种意识中产生出莫名的恐惧,从而害怕那些违反因果律的东西。之所以如此,是因为人在这个表象的世界中是靠着主客二分的认识方式来区分自身和其他。而这只是在现象中而非本体中。所以人能享受到的短暂幸福,也只不过是在现象之中。从本体上说,世界所有的痛苦都是我的痛苦,包括那些只有可能性的痛苦。而参透了这一切的人,就会完全明白幸福不过是黄粱一梦,是纯粹的幻象。

为因果律局限的认识无法发现永恒的公道。而只有那些超出了因果律,认识到理念,明白本体不能附着于现象的形式的人,才能发现。既然说意志是所有现象的本体,那么他人的痛苦和自己的痛苦以及所有的恶行和恶果都是源于这个本体。所以在自己这个现象中寻找快乐,在他人那个现象中制造痛苦,就如同用自己的牙齿咬自己的皮肉,以为是在伤害别人其实是在伤害自己。加害人和受害者合二为一，前者错在以为自己同加害产生的痛苦无关，后者错在以为自己与加害这个行为无关。如果他们都觉悟了，那么前者就会知道自己也在那些痛苦之中，后者则会明白那些加害的罪行其实出自于构成自己的本质。身为意志的表象就理应承受痛苦，正如一句诗歌说的“人最大的罪过莫过于他出生了”。生的结局必然是死，生如何能不是一种罪过！这诗句正说明了基督教原罪的信条。

认识到永恒的公道是大多数人所做不到的。印度的先民在《吠陀》中说出了这种认识，所有的存在，无论是有生命的还是无生命的，都放到各弟子的面前，然后念一句咒语：“这就是你。”但是对于普通群众，却必须将此翻译为服从因果律的认识方式。这种意志境界的认识如同在神话中得到一种代用品，但已足够成为一个调节器，用形象的方式使伦理意义可以被普通群众理解。这也就是宗教的目的。神话的好处就在于它的概念都可以用直观来验证。神话中的轮回是说人在这一世犯的罪行在来世必须偿还。比如说一个人杀害了一个动物，在来世必会成为这种动物而被人所杀。恶行会使人轮回为更低级的东西，善行则使人轮回为更高贵的人。而善报就只能以消极的意义来说，比如不再进入轮回。

再没有比印度的这一神话能更好地配合这哲学真理的了。这神话很久以前就被毕达哥拉斯和柏拉图发现并应用了，现在还具有决定性的影响，使得我们的宗教无法在印度生根。相反，印度的智慧很早就被人传入欧洲并对我们的思想和知识产生了根本性的影响。

六十四

我们现在继续用哲学的方式来考察行为中的良心在伦理上的重要性。良心是对永恒价值观模模糊糊的单纯认识。不过在这里，我还要指出人类天性中的两个特点，这些特点会有助于弄明白每一个人如何在意识中至少是模糊地感到那永恒公道的本质，感到意志在其一切现象中的统一性和同一性，永恒的公道也是基于这一点的。

第一个特点会在以下现象中得以表现。如果一贯的恶人在另一个环境中，被别人报以同样的恶行，那么所有人都会觉得大快人心，即便是那些事不关己的旁观者。这种现象恰恰显示了人们对永恒公道的意识，虽然这种意识常常被人误会，而看不清它的本来面目。因为这心思被局限在个体化原理中，犯了语义错误的毛病，企图向现象要求只有在物自体中才会有的东西，并且看不到迫害者和受害人在一定程度上在本质上是同一的，看不到同一的本质就在它自己的现象中，也就是认不出自己。既承担痛苦又承担罪过的东西，反而要求在承担罪过的这一个体上看到痛苦。因此，这个世界中总会出现一个有着邪恶心肠的同时又有远胜于人的非凡能力的人，将说不尽的灾难横加于亿万人，譬如说征服世界的人。邪恶心肠是很多人都会有的，只不过在这种人身上还配有其他特性而已。

我认为，大多数人都会要求这样的人总有一天在某时某地受到程度相同的痛苦以抵偿他制造的那些灾难。这是因为多数人认识不到折磨人的和被折磨的如何是一而非二,认识不到他们所生存和生活的意志正是前者身上显现的同一个意志，并且恰好是通过前者意志的本质才得到明确的启发,认识不到这意志对被迫害者和压迫者是同样的受苦,并且随着压迫者的意识更清晰更明确,意志更激烈,压迫者也相应地更痛苦。至于更深远地,被迫害者不再局限于个体化原理的认识,一切美德和高尚情操所得出的认识,那就不会再怀着报复的心情了,这也是基督教义已经证实了的。在基督教中,不允许以德报怨,而只听凭永恒的公道的支配,犹如是在不同于现象的,物自体的领域中。

人类天性的另一个特点则是一种更引人注目的,也更罕见的特点。它透露一种要求,要求将永恒的公道纳入经验的范围之内,也就是纳入个体化的范围,又暗示着一种感到的意识,即我们前面所说的感到生命意志是拿自己的本钱在演出宏伟的悲喜剧，感到活在一切现象中的乃是同一个意志。

这种特点表现在下面这种现象中，有的人看到暴行时会感到非常愤怒,当那些恶人得不到该有的惩罚时,他会拿出自己的生命去冒险,牺牲自己的利益甚至生命去给恶人以足够的惩戒。甚至他愿意和施恶者同归于尽,因为他已把自己的生命价值看作是惩罚施恶者的手段。这种行为和一般的报仇不同,因为他不是出于任何自私的目的,而是希望这种行为能成为榜样影响后世。在我看来,这种行为产生于一种最深远的意识中,那就是他意识到他是整个生命意志本身,因此他要承担肯定意志的责任,即便用生命作为代价也在所不惜。这是性格当中罕见的,甚至崇高的一个特点。但我还是要说,他也一样错认了永恒公道的本质。

六十五

之前关于人类行为的考察为接下来的考察做好了准备。我们接下来要做的,就是在哲学范畴内去思考人类的伦理和道德。这种伦理意义,我们通常认为是善意的。所以,我首先来还原善恶的本来意义,以免我们的出发点就出现了谬误。

还原善的本来意义是在我的能力之内的,因为我在之前的著作中就非常简要明了的阐述了美和真的意义,现在,我们用同样的方法来思考善与恶。很多人会故弄玄虚地在善后面加上诸如某种性质的补充说明,在我看来毫无必要。为使人相信,即便我用一副严肃的面孔说出真、美、善这三个字,我的目的也不过是指出三个不着边际的、抽象的,内容一点也不丰富的,来源和意义又各不相同的概念而已。谁要是熟知当今的文献,就会千百次看到那些最没有思维能力的人是如何相信的,只要用一张大嘴巴和一副热情的面孔说出那三个字,即便是他说出了什么伟大的智慧,尽管这三个字原来所指的是那么高贵的东西,在看到这副面孔之后,会发现现在事实上,也已经变得麻木不仁了。

我们想要还原善的本意,其实根本不需要花费很多精力。善本来的意义就是表示一个客体对意志的某种固定要求具有的相适性。不管这类东西多么难以理解,只要它们满足了意志的这些特点,就可以用善这个概念去说明。善又分为两类,也就是好受的和有益的。至于和这相反的概念,如果所说的是没有认识作用的事物，就用坏这个字来标志，比较少用且更加抽象的是弊害这个词，这些都指的是不迎合意志所要求的一切。同其他能够和意志发生关系的一切事物一样，人们也把恰好是对自己所要求的目的有利、有帮助而友好的那些人称为好的，这和称其他事物为好是同一意义。因为满足意志是相对的，所以善也就具有相对性，也就是说对一个人是善的，对另外的人可能恰恰相反。俗话说的“这人对我好，但对你不好”就很恰当地表现出了这种相对性。

但是有些人，他们的性格中有这种与生俱来的特质，他们不仅不妨碍别人的意志，反而以促成别人意志为愿望，他们习惯帮助人，心肠好，和蔼可亲，乐善好施，这些人因为他们的行为方式对于别人的意志从根本上有关系，所以我们把他们叫做好人。至于与此相反的概念，不同国家的语言所表示的方法也就不同，有的用恶、有的用坏，但它们都是代表和意志的某一特殊目的相反。所以说考察完全要从善的消极方面出发，以后才能转到善的积极方面，才能不是在行为对别人的关系上而是在对行为者自己的关系上来探讨所谓好人的行为方式。

尽管坏心肠为那些有好心肠的人带来许多能施展善的行为的机会，但是坏心肠带给他主人的是更多的痛苦。由此就产生了那些伦理学体系，有哲学的，也有依傍宗教教义的。这两种伦理学总是想要把幸福和美德联系在一起，前者的做法或是用矛盾律，或是用根据律，或是使美德和幸福等同起来，或使幸福成为德行的后果。不过这都是诡辩。后者的做法则主张在经验可能认识的范围以外还存在另外一个世界以此来联系幸福和德行。根据我们的考察，德行的内在本质会表现为一种指定完全相反方向的努力，而不是指向幸福的努力，幸福是安乐和生命。

根据以上可知，善的概念就是一个事物对某一种意志的适应，所以善也是一个相对的概念，善只在对某一具体意志的关系中才具有自己的本质。由此可见，这世上不存在真正意义上的善，是一个矛盾。如果说绝对善是存在的，那么也就肯定了意志会得到最终的满足，不会再有新的欲求出现。同时也就意味着在这世界中存在最后一个动机，这个动机能使意志得到永恒的满足。而在之前的考察中，我们发现这根本是空中楼阁，永远不能实现。如同时间不能有始终一样，意志也永远不会因为暂时得到满足而停止产生新的欲求。对于意志来说没有最高善、绝对善，有的只是一时的善。在一定意义上，只有当意志能够完全地自我取消和否定，达到真正的无所欲求，这时候才能称为绝对善。如果说绝对善是唯一能根治病症的良药，那么其他一切善都只能算是治标的止痛剂。这是我们将要在最后讨论的。

当我们在看一个人是善是恶时，指的是他在没有外界影响下总是做出不义行为的动机。按照我们之前对于不义的解释，就是这个人不仅按生命意志在他身上显现的程度来肯定自己的意志，而且还在肯定自己意志的同时否定了别人的意志。具体的表现就是他总要求别人的意志为自己服务，如果别人的意志和他的意志产生了冲突，这种人就会首先选择消灭别人。这种行为的根源是高度的利己主义。从这里可以看出两点：第一，这种人心里透露出一种过分强烈的生命意志；第二，这种人因为完全遵守充足根据律而局限于个体化原理，所以呆板地看待自己和别人的区别，只知道自己的安乐而漠视别人的安乐，甚至将别人看作没有真实性的假面具。这两点也就是组成恶的基本因素。

但是，这种强烈的欲求本身就是痛苦的根源。因为，第一，欲求本身就有缺陷，它是在痛苦中产生的；第二，大部分欲求不能得到最后的满足，意志被阻挠的几率比意志得到满足的几率要大得多，所以欲求越多，苦痛也就越多。这痛苦不是别的，正是未被满足的和被阻挠的欲求。所以人心越恶,他所要承担的痛苦就越多,身体内激烈的痛苦和激烈的欲求总是如影随形。即便他会获得一切表面上的幸福,但除了某一个欢愉的瞬间,他绝大部分时间还是处于痛苦之中。为了摆脱掉这种痛苦,他不得不通过将别人置于痛苦之中而获得快意,不是因为自私而仅仅是因为别人的痛苦就是他的快乐,这便是恶毒。此时别人的痛苦对于他来说已不再是手段,而成为目的本身。恶毒进一步发展就会变成残忍。

我们可以更明晰地解释这一现象。由于人特有的认识,恶的人总是拿自己现实中所拥有的满足去和可能会出现但还未出现的满足对比,由此便产生忌妒。这样,自己的缺陷会因为别人的拥有而突出,但同时也会因别人有同样的缺陷而弱化。也就是说,只要是人所共有的、难以避免的苦难,我们就不会觉得特别难受。并且若看到比自己更大的痛苦,或者别人也在痛苦之中,我们的痛苦就会减轻。

现在假如一个人有着过分激烈的意志冲动,他以火热的贪心想要夺取一切,以便解除利己主义,而这时会导致的结果就是他一定要经历,从开始认为这一切满足都只是表面上的假想,所获得的东西在我们追求的过程中并没有使我们感到满足, 到最后强悍的意志冲动得到最后的宁静这一过程。因为愿望在获得满足之后就改变了自己的形象,并且以另一种形象来继续折磨人,最后如果这愿望再没有其他形象可变了,意志冲动也就没有了已认识到的动机而停止于自身, 取而代之的是可怕的荒凉空虚之感,这也带来了无可救药的痛苦。

如果一个人产生了具有显著的恶毒程度的意志现象,就必然会产生一种过强的内在痛苦,永远的不安,无可救药的创伤,那么,他就必须间接来寻求他无力直接获得的慰藉,也就是要以看到别人的痛苦景象,同时还认为这痛苦是他的势力的表现,来缓和自己的痛苦。对于他,别人的痛苦现在已是目的自身了,已是他可以一饱眼福的一幅景象了。真正的残忍现象,嗜血现象,就是这样产生的。

报仇的心理跟恶毒相类似,因为报仇单纯是为了已经发生的事情,针对的是过去。不是因为结果会对自己有利,而只是为了“欣赏”自己的行为加之于仇人身上所引起的痛苦。但报仇也不同于纯粹恶毒,如果报仇是依法进行的,也就是按集体批准、事先规定而众所周知的规则进行的,就可以是合理的惩罚,变成正义的行为。与恶毒相连的还有一种特殊的痛苦,当进行任何恶毒的事情时都会感觉得到。按持续时间的长短,这种痛苦可以分别称之为良心不安或良心责备。

一个恶人,虽然在表面意识上,因为局限于个体化原理而把自己和他人完全区别开,并且因为符合他的利己主义而被他紧紧抓住。但在意识深处,他仍会感到(可能只是模糊的)这种区别只是一种现象,在另一种层面上可能完全是另一回事。也就是说,在时间和空间这个领域中他和别人所忍受的痛苦是毫不相干的,但在本体上自己和别人却是同一个意志的显现。当他施恶于别人拿别人的痛苦取乐时,他恰恰是这整个意志本身。所以在施恶的过程中,他不仅是加害人,同时也是受害人。他施恶的快乐与受害人的痛苦之间的间隔只是时空中的一个幻象,并不存在。现实世界里,他必须用痛苦来抵偿施恶带来的欢乐。这也就是以神话形式表达的轮回理论。这用以抵偿的痛苦,就被人们叫做良心不安。

但是,良心不安在此以外又是从第二个直接的,和第一个密切联系着的认识中产生的,即是由于认识到生命意志在凶恶的个体中用以肯定它自己的强度,远远超出了它的个体现象之外,以致完全否定了显现于其他个体中的同一个意志。所以一个恶棍对于自己的行为那种内心的,要向自己隐瞒的厌恶和痛恨,除了模糊地感到个体化原理和由此树立的人我界限这两者的虚无性、表面性之外,同时还包括对他自己意志的激烈性、暴力的认识。这种激烈性也就是他用来把握生命,将自己紧紧吸附在生命上的。

这生命可怕的一面就是恶棍在被他压迫的人们的痛苦中看到的,然而恶棍又是那么紧密地和这痛苦交织在一起的,也正是由于这一点,他更充分地肯定了他自己的意志才是他做出残酷事情的手段。他已经认识到自己是生命意志集中显现的现象,感到自己陷入生命的程度就是感到自己陷入那些无数的生命本质上的痛苦的程度。因为这时候生命有着无尽的时间和无穷的空间来消除可能性和现实性之间的区别,从而他现在认识到的一切痛苦开始慢慢变为感觉到的痛苦了。

千百万年的生生不已固然只在概念中存在,和整个的过去、未来一样,但具体内容的时间,意志显现的形式却只是现在。时间对于个体是常新的,个体也觉得自己永远是新发生的。所以生命是不能从生命意志中分离出来的,而生命的形式又只有现在。死好比是太阳的西沉,太阳只是看起来好像被黑暗吞没了,其实它仍旧是一切光明的源泉,不停地在燃烧着,给新的世界带来新的日子,无时不在上升,无时不在下沉。起和止都只涉及个体,是借助于时间,借助于这现象的形式为了表象而有的。在时间以外的就只有意志,亦即康德的物自体,和意志的恰如其分的客体性,亦即柏拉图的理念。

因此自杀并不会带来什么解脱,每个人在内心最深处所欲求的就是自己的真实显现,而每个人的真实显现也正是这个人所欲求的。所以把良心刺痛了的,除了那仅仅感到的认识,认识到使个体分立的表象之形式的表面性和虚无性之外,还有对于自己意志及其强烈程度的自我认识。如果说生活过程正描绘着验知性格的肖像,这肖像的蓝本则是悟知性格。恶棍看到这幅肖像必然要吃一惊,不管是庞大的轮廓使他看到整个世界,还是用纤细的线条使他只能看到自己，从这幅肖像中他都能看到恒定的痛苦。

关于恶的意义及其内在本质的这一分析，如果作为单纯的感受，也就是不作为明确的抽象的认识，便是良心不安的内容。并且这一分析，由于以同样方式来考察作为人类意志的属性的善，和在最后由于考察这属性达到最高程度之后，从这属性中产生彻底的无欲和神圣性，就会从中获得更大的明确性和完整性。因为两极相通，对立面也可以相互阐发。斯宾诺莎说得非常好："白昼既显示着它自己，同时也显示着黑夜。"

六十六

美德只能在最直观的认识中出现，因为只有那样人才能认识到自己和其他人的同一性。没有道理的美德毫无意义，因为它不能发展为动机；而能发展为动机的道德规范之所以起作用则是因为这规范对人自身有利，是针对个体而言的，但这样的规范还是不具有道德价值。所以道德规范和抽象认识都不能导致美德的产生，美德只能产生于直观认识中。

美德虽然是在认识中滋生的，但却是永远不会变的抽象，是在用言语可以表达的认识中产生的。如果真是那样，那么美德也就成为可以言传身教的一种技能了。那么当我们在这儿抽象地说出美德的本质时，说出为美德奠基的认识时，我们就会把每一个理解这种说法的人在伦理上改造好了。可事实并非如此。事实上伦理学和传道从来没有造就一个具有美德的人，就像美学不能造就出浪漫的诗人一样。

原来概念对于美德的真正内在本质是不生发的，而且对于艺术也是如此。概念是很次要的东西，只能作为工具来传播已有的认识。“欲求是教不会的。”事实上，抽象的教条对美德没有任何影响。换言之，错误的认识不会减少人的美德，正确的教条也同样不会让人的美德增加。假如人生的首要大事，伦理上的、永远有意义的价值，真的有赖于教条、宗教教义、哲学理论之类的东西，同时获得这些东西又是那么的偶然，这可真是太糟糕了。教条对于道德仅仅只有这样的价值，就是说一个从别的方面来的，对于已经具备了美德的人，可以从教条中得出一种公式，按这公式他可以为自己无私的行动向自己的理性交出一个，多半只是为了过关而虚构的理由。其实这理性，也就是这个人自己，并不理解这行为的本质，不过他早已使自己的理性习惯于以这种交代方式为满足罢了。

教条和习惯、模范一样，虽然能够影响甚至改变人的行为，但是却永远不能改变一个人的性格。例如法律，只能阻止人犯罪的行为，但是却永远不能阻止人内心的邪恶想法。

所以说，例如一个人或是以莫大恩德施于孤苦无告的人，坚信在来世可以回收十倍于所施的总数，或是把同一金额的财物用于田产的改良上，则将来获利虽迟一点，却会更可靠，更可观，这两种行为在道德上没有高下之分。和为了谋财而害命的匪类一样，那满心虔诚而把异教徒用火烧死的人，那在圣地杀死土耳其人的人，如果这前后两人是为了在天国里取得一席之地而分别得使他们那样做，那同样他们也是杀人犯。这些人只是替自己的自私自利盘算，和那匪徒一般无二，他们不同于匪徒的只是手段上的荒诞罢了。如前所说，要从外面来影响意志的就只有动机，而东西又只改变意志把自己表出的方式，绝不改变意志本身。“意欲是教不会的”。

之所以人们要把所做的好事用教条作为根据，是因为普通人不像哲学家，他不能恰当地解释自己的行为，只能用教条来代替真正的原因。实际上如何判断一个行为是不是道德行为是很难的，因为每个人行为的真正目的总是深藏在内心。不仅外界不能理解，就连我们自己都很难弄清楚。道德不仅存在于人们千变万化的行为中，同时也存在于大不相同的外在现象之中。

因此，居心的纯善、无私的美德和纯洁的慷慨仗义都不是从抽象的认识出发的，但仍然是从认识出发的，是从一种直接的直观的认识出发的。正因为这种认识不是抽象的，所以也是不容转达的，必须由个人自己的领悟。在言语中不能求得它真正适当的表现，而是完全只能求之于人的作为、行动和生平事迹之中。我们要找美德的理论，就得抽象地表达美德所依据的认识的本质，可是我们并不能在这一论述中提到这认识本身，而只能提到这认识的概念。这时，我们总是从行为出发，也唯有在行为中才可以看到这认识，并且总是把行为当做这认识唯一恰当的表现，我们只是对这表现加以阐明和解释而已，也就只是抽象地谈到这究竟是怎么回事。

在我们谈到已经描述过的以恶为对照的真正的善以前，作为中间阶段现在就要涉及仅止于否定恶的问题了。这就是公道。我们在前面已经讨论过什么是义，什么是不义，我们在这里就可说明一下这二者与公道的关系。一个人要是在没有国家或其他权力加以保障时仍能明确的分清义与不义之间的界线，或者按我们之前的讨论，一个人在肯定自己意志的同时而不否定其他人的意志，那么这个人就是公道的。这也就意味着这个人不会为了自己的快乐而侵入别人的意志从而施加痛苦给别人，他会尊重每个人的权利以及每个人的财产。在这里，个体化原理不同于恶人，不是自己和他人的绝对界限。守公道的人也不像恶人那样只肯定自己意志的现象，而否定一切别人的意志及其现象。他把他人的本质与自己的本质一样看待，并且不会伤害这本质。

如果真正理解这公道的本质，我们就不会在肯定自己的意志道路上走太远，更不会在肯定自己的本质时否定他人的本质。理解了公道之后，我们从别人那里得到多少，就会回报给别人多少。当这种公道达到极致，我们就会怀疑自己继承财产的权利，会觉得别人对自己的任何服务、自己的任何奢侈都是一种罪过，最后自愿走上一条贫苦之路。若这种情况达到极端就会是禁欲主义。其实这也是对公道的一种误解。有些人因为富有和权势会为社会作出更多的贡献，这是适宜的。相反，另一些人凭借继承的财产生活，自己无所事事，对社会也没有任何贡献，这虽然并不违法，但在道德上则是不义的。

我们已看到自觉自愿的公道，它是由个体化真理被看穿而来的，而不公道的人却是整个儿局限在这个原理中的。看穿个体化原理，这不仅是在公道所要求的程度上，而且在更高的程度上，在促成积极的善意、慈善和博爱的程度上，也可以出现。并且，不管显现于这一个体内的意志自身是如何强而有力，都可以出现。意志虽强，认识却常能替个体保持知与意的平衡，教他抵抗那欲为非义的试探，甚至教他发挥任何程度的善。是的，甚至发挥任何程度的清心寡欲。因此，我们不能把一个好人看做是软弱的，而认为恶人更有力量，实际上只是认识在好人心里主宰着盲目的意志冲动。不过也有些这样的人，他们只是由于显现于他们身上的意志是薄弱的，面貌看似好心肠，但他们究竟是什么样的人，只要看他们有没有足够的自制力来完成一个公道的或善良的行动就明白了。

现在我们再讨论一个很罕见的例子。有这样一个人，他虽拥有一份相当可观的收入，但他只以其中一小部分作为自己用，而把所有其余的都捐献给贫困的人们。为了帮助别人，他宁愿自己少一些享受和安逸。我们发现他比常见的情况更加不作人我之分，这是他行为方式最简单而普遍的表现，也是最基本的特征。

如果说一般人的人我之分是明显的，那么对于恶人来说人我之分则是巨大的，以至他能够将别人的痛苦当作自己的快乐。不义之人则是将自己的快乐建立在别人的痛苦之上。而公道的人虽然不会去制造别人的痛苦，但是也不会为了减少别人的痛苦而宁愿牺牲自己的享受。也就是说从根本上看绝大多数人都知道而且深知在自己的附近其实都存在着别人的无数痛苦，可是没有决心来减轻这些痛苦。只有这种没有人我之分的人才把别人的痛苦和自己的痛苦同等看待，他愿意割舍自己的享受以填补他人的痛苦。这都是因为他已经认识到自己的本质也是别人的本质，存在于任何事物中的意志是同一个意志，人和人之间的区别只是现象的区别。并且他会把这一点推广到动物界乃至整个自然界，因此他也不伤害任何动物。

他现在已经逾越了那种宁可将自己富余的放置一边而冷观别人忍饥挨饿的境地，正如享受的东西不是今天饿上一天明天就会出现更多。这是因为"摩耶之幕"对于博爱行善的人已经是透明了的，个体化原理的骗局也早已收场了。他在任何生物中，包括那些受苦的生物，都能看到自己，他本身，他的意志。从他那撤走的是这种荒诞的错误，生命意志常以这种错误而错认了自己，它时而在这里在某一个体中享受着飘忽的虚假的欢乐，时而在那里在另一个体中又为此而忍饥挨饿，在这样制造着痛苦而又忍受着痛苦的过程中失去了自己，就像杜埃斯特一样贪婪地吃着自己的肉。时而在这里为无过受罪而叫屈，时而在那里当着报复之神涅米西斯的面肆无忌惮地胡作非为。在别人的现象中永远地认不出自己，因为他也察觉不到永恒的公道的存在，只是被局限于个体化原理之中，根本就是被局限于根据律所支配的认识方法之中。治好这种妄念，摆脱摩耶的骗局，和行善布施是一回事。不过后者是那种认识不可少的标志罢了。

我们之前说过良心不安的缘由和意义。而和良心不安相对的就是我们所说的心安理得，所谓的心安理得是在自私的行动得到满足之后的满足。由于行为是无私的，我们就会在其他现象中找到自己的本质，同时也认识到自己的本质不只存在于自己身上，而是在一切现象、一切生物当中，在这种情况下，我们就会觉得心胸如大海般宽广，会感到非常满足。

自私往往与心胸狭窄紧密相连，这是因为自私之人把所有的关怀都施加在自己身上，当这些关怀出现波动时，这些人就会感到威胁，所以他们常常生活在恐惧和疑虑中。无私的人把关怀扩展到一切生物身上，他们对自己的关怀显得很少，困扰自身的惶恐和忧虑自然就被削弱了，所以就拥有了欢乐和安宁的心态，那是善良的内心和无内疚的良心所带来的。所以在每一次善行之后，这种心境的出现就会愈加明显，因为这善行给我们验证了这种心情所依据的理由。而利己主义者则觉得自己被陌生的敌对现象所包围，他全部的希望和要求都寄托在自己的安乐上。

善人却生活在一个现象互相亲善的世界里，每一现象的安乐都是他自己的安乐。所以说，即令当他认识到整个人类的命运，没有给他的情绪带来愉快的气氛，然而他长久地认识到一切有情中的都是他自己的本质，这就会为他提供情绪上的一定的稳定性，甚至是欢愉的气氛。这是因为广散于无数现象上的关怀不会像集中于一个现象上那么使人诚惶诚恐。个别人遭遇到的偶然事故有幸与不幸，对于个体的总和来说，偶然事故就会互相抵消而扯平了。

正是因为这些原因，在我的书中，不会出现任何所谓的格言和警句，也没有任何道德上的说教。表述上面的这些真理就是我论述的全部旨趣和目的，这真理是说意志是任何一个现象的本体，但作为本体来说却又不在现象的那些形式中，从而也就不具有杂多性。就这真理对行为的关系说，我不知道还有别的什么表述方式，除非是用前述《吠陀》的公式：“这就是你！”也就是说，谁能够真正认识自己的内心，谁就拥有了一切的美德和天赋，并且最终会走向解脱。

最后我们还要谈一下仁爱之心。我们认为，仁爱就是懂得人的同一性。如何导致解脱，导致生命意志的放弃，亦即导致在一切欲求之前的放弃。并且也是在指出一条有欠温和却是更常采用的途径以此来引导人到达上述境界之中。在这里首先还得说一句似乎矛盾的话，这是属于我要阐明的这思想的完整性以内的，这句话就是，“一切仁爱都是同情”。

六十七

到此为止，我们已经知道，在较低层次上看清个体化远离会产生公正；而在较高程度上看穿则会产生真正的善行，这种善就是一种无私的爱。这种爱如果达到完善的地步，就会把别人与自己完全等同起来。等同之后就不需要再往上发展了，因为我们没有理由把别人的价值放到自己之上，除非是为了大多数人。当很多人的幸福或生命受到威胁时，拥有最高善的人就会以牺牲自己的幸福和生命作为代价来拯救大家。任何人，只要是自愿地、下意识地为了他的亲人、相邻，为了祖国而不惧一死，就都属于这一类人物。站在最高善这一级的其实还大有人在，每一个为了坚持那些造福全人类的、为全人类所应有的东西，也就是为了坚持普遍而重大的真理，消灭重大的错误而甘愿承担痛苦和死亡的人都是。

在前面我们已经看到，痛苦是生命的真相，幸福只不过是暂时消除了痛苦而已，它的本质是消极的，不会有什么幸福是积极的。因此，乐善好施的人为别人所做的也不过是减轻那些人的痛苦而已。这可以推知施善的人是在对于别人的痛苦进行认识之后才去行善的。这种对痛苦的认识是依靠对自己本身痛苦的体会获得的，而施善的人就是把别人的痛苦当作自己的痛苦来看待。这可以进一步推论出，爱就是同病相怜的同情。我们也可以说一切真正的爱都是同情，而任何不是同情的爱都是一己之私。一己之私，就是希腊文中的“自爱”，而同情就是希腊文中的“博爱”。这两者的混合情绪也是常有发生的，甚至真纯的友谊也常是这种混合。一己之私表现在乐于和个性相投的朋友结交，这是混合中的较大部分，而同情则表现在对朋友的哀乐产生的真挚关怀，表现为人们对朋友所做出的自我牺牲。

哭和笑一样都是人类所特有的、区别于动物的表情，哭还是痛苦的外现。在我看来，人们不是因为直接感觉到的痛而哭，而是为了重现在反省中的痛而哭。当人们感觉到痛苦时，若这痛苦直指人心，哭不会是第一表现。哭的整个过程是这样的，当看到肉体上产生的痛苦或者引起痛苦的事情时，第一感觉会觉得这是值得同情的，因为他相信如果是别人遭受这样的痛苦，他必然也会施以帮助和给予同情，但此时这个需要同情的对象却是自己。这种情况下，痛苦就首先被想象成别人的，需要给予同情，但突然又发觉这痛苦就是自己的，这时人们自然地就要通过哭来减轻痛苦。这样看来，哭是以爱的能力、同情的能力和想象力为前提的。容易哭的人既不会是心肠硬的人，也不会是没有想象力的人。所以哭也可以被当做性格上一定程度的善来看待，因为人们觉得还能哭的人，就必然还能关怀别人，还能同情别人。

此时我们已经知道了，哭并不是由于自己的痛苦而是由别人的痛苦引起的，也可以说是因为我们从别人身上看到了我们自己的命运，从而最终还是因为对自己的同情而哭的。这似乎也就是在遇到丧事时自然要哭的主要原因。在这种场合，人们哭的绝不是死者，而是因为通过死者看到自己同样也会死的命运而哭。死者与自己的关系越亲密，看到自己也会死的命运就会越清晰，从而也就会哭得越悲伤。即便是死者早就痛苦不堪，此时的死对于他来说是一种解脱，我们仍然会痛哭不已。

六十八

我们之前已经穿插着讨论了爱和同情的同一性了，现在让我们重新回到分析行为的伦理意义这条线索上来，以便论证生命意志的否定和善、仁爱、美德等这些生命意志的肯定是如何出自同一来源的。

如何看待个体化原理，是生命意识的肯定与否定的重要条件。局限于它就会导致利己主义，会产生负面的人性；而看透它则能达到公道，再进一步还会得到爱、慷慨等正面的人性。看透个体化原理的恶人，会把世界上的一切痛苦都当作自己的痛苦，他会把别人的痛苦当做是自己的痛苦，因为他会无私地贡献自己的力量，以达到让所有人都快乐的目的。

这样的人，已经超出了个体化问题，他在一切事物都能找到自己与之的联系。他因此认识到整体大全，并深刻地体会到这整体的本质其实永远存在于不断的生灭中，在无意义的冲动中，在痛苦中。当他对世界有了这样的认识，就会用自己的意志不停地肯定生命，一切欲求就都会被抑制。生命的享受使他战栗，他在这些享受中看到的是对生命的否定。意志这时便超出了生命，这样的人也因此而达到一种能够自动克制自己的欲求，与世无争，真正无所为和完全无意志的状态。

人的生命如果是一个炙热的圆形轨道，那么我们就是在上面不停地奔跑。没有看透个体化原理的人，会满足于轨道上偶尔出现的阴凉而不停奔跑，那些看穿个体化原理的人，则不会被这些阴凉所吸引，与之相反，他会跳出这个圈子，站在圈外从整体上看这炙热的圆形轨道。这个时候，他的意志不再肯定现象，取而代之的是对这一切的否定。这类人不再满足于爱人如己、为人谋有如为己谋等对生命意志的肯定，他会产生对现象的极度厌恶，甚至会产生从美德到禁欲的过渡。禁欲主义还表现在自愿投身于贫苦，当然这种贫苦是他们为了减轻别人的痛苦自愿做的。因为自我认识对这意志怀着深恶痛绝之心，便会故意抑制意志，表现在行为上，就是不做想做的事情而专做不愿做的事情。他不仅自己否定显现在自己身上的意志，也欢迎别人来否定，表现在行为上，就是当别人对他做出不义的事情时他不会反对更不会反抗。

因此，对于任何损失、侮辱他都当作是考验自己不再肯定意志的机会而欣然接受。他会真诚地以德报怨。和抑制意志本身一样，他也抑制自己的肉身。他将肉体一直保存在能够存活的最低限度，不让肉体自然地壮大，甚至会用自虐的方法对待自己的肉体。在死亡来临时，因为死是解散意志的现象也就是肉身，所以死对于他是一种解脱，不会有任何厌恶和惧怕。在这里，消散的不仅是现象(一般人是这样)，连本质也随之消失了。对于这样结局的人，这世界也同时告终了。

在这里，我们首次明确了神圣性、自我否定、意志的消灭、禁欲等的本质都是生命意志的否定。而否定其实是建立在肯定的基础之上的。一切圣者和禁欲主义者虽然他们接受的可能是不同的信条，但本质也就是境界都是一样的，并通过行动展现出来。不同宗教虽各有一套解释这些行为的理论，但在实质上，这都是一样的。并且这些理论也都是无关紧要的，因为重要的是行为。只有通过行为才真正使他们成为圣者，而不是他们所宣称遵守的信条。

在这里我们还要讨论一下传记的作用。因为产生意志之否定的认识是直观而不是抽象的，所以这种认识只能在具体的行为和事迹中得到完整表现，并不存在于抽象概念中。包括我在上面所作的论述也只是抽象的和概括的。所以人们要想充分了解这种生命意志之否定，还必须借助于那些圣者的传记。当然这些传记有好有坏，很难一概而论。但这里我愿意介绍我认为最好的一本传记，德·顾蓉夫人的自传。对于我所确定的概念，这本书提供了特别适合和最详尽的例证，这本自传可以说就是一个事实的说明。当然，世界史也是非常重要的，但是从哲学观点来看，它与传记是完全不同的，它显示的不是意识，而是现象。在这种显现中，有卓越成就的人，也犹如羊群般存在的群体性事件，更多的是无助和徒劳的抗争。我们作为哲学家在探讨行为的伦理意义时，需要的不是征服世界的人而是超脱世界的人。所以对于哲学家来说，圣者们的传记写得再坏，甚至混杂着迷信和荒唐，也比世界史要重要得多，教育意义也丰富得多。

关于生命意义的否定其实是很早以前就存在的，在上古时代的梵文著作中我们就能找到关于它的进一步说法和描述，这是早于基督教和西方世界的。至于原因，可能是因为在印度并没有像基督教世界那样受到犹太教的影响，宗教能够独立的发展。而基督教之所以发展滞后，是因为在基督教教义中存在两种不同的因素，影响了基督教的发展。到现在，人们还是担心基督教有一天会崩溃，这种担心不无道理，因为基督教确实是由不同的因素组成的，这会导致基督教的分化，从而解体是不可避免的。但解体之后基督教纯伦理部分仍可保留，因为这是不可能毁灭的真理。

在印度教的伦理中有这样的训诫，要对一切生物慈悲、要容忍侮辱我的人、要以德报怨、禁肉食等，追求圣道的人还要戒色戒乐、散尽财产、抛弃住所和亲友、在静默的观照中度过一生，还要自苦修行，直至绝食、葬身鱼腹、活埋或者从圣峰上坠崖等。

印度教的这些教义已经存在了四千余年，尽管如今的印度教已经分化，但是这些教义依然有人去遵守。既然这些教义能够得到数千年的实践，那么可以肯定它与人性中的某些内容是息息相关的。

在这里还要再探讨一下能够否定意志的人他们的心理状态。我们知道，恶人常常处于痛苦之中，而超凡之人，则常常安贫若素。并且这种境界是一种不可动摇的安定，是一种更深层次的愉悦。如果我们将这种境界比作继承田产而免除了生活上的一切忧虑，那么人间的幸福和满足，就好比乞丐不停的乞讨但也只能维持每天的温饱而已。

在第三篇里我们已经描述了进入审美的那种愉悦，在某一瞬间，一切欲求、愿望和忧虑都被消除了，就好像我们摆脱了自己，我们成为不带意志但能够继续认识的永恒主体，不再和其他个体相对应。这是我们所能感受到的一切幸福的瞬间中最幸福的一瞬间。据此我们来想象一下超脱的人他们的幸福有多么巨大，这最幸福的一瞬间已足以让我们满足，但他们不是享有这幸福的一瞬间，而是永远沉浸于这最幸福之中。他们经过与自己本性的艰苦斗争，现在取得了完全的胜利，完全摆脱了贪心、恐惧、忌妒、怒火等情绪的束缚，现在他们可以平静地回顾世间的种种幻影，即那些曾经触动他们内心并使他们痛苦的幻影。当我们能够想象这种感觉的时候，也就能理解顾蓉夫人在她的传记末尾所说的那句话，“我不知道自己的有无，只觉得一切都无所谓，因为我对什么都不再有所欲求”。

但我们也不要天真地认为对生命意志进行一次否定就可以一劳永逸，犹如获得了一辈子都用不完的财产那样高枕无忧。事实上生命意志的否定必须以不断的斗争来时刻重新争取才行的。这是因为只要肉体存在一天，寄托于其中的生命意志就其可能性来说就仍然存在，并且一直都在不断挣扎着重新获得肯定。因此那些圣者在传记中描写的宁静和极乐也是需要不断克服意志这种重获肯定的努力才能一直保存，而不是经过一次否定就永远获得的。事实证明，能够轻松地获得持久的宁静的人在这世界上是根本不存在的。因此我们也可以预想在圣者们内心中其实也在不断地进行心灵的斗争。所以我们会看到已经达到意志否定的人仍会继续修行以此来让自己维持在这种境界中。

超脱的人保持这种状态的办法就是忍受痛苦，而且这也是大多数人通达意志之否定境界的方法。还有一种方法就是依靠看穿个体化原理，通过把他人的痛苦看成自己的痛苦从而导致意志的否定，但这仅仅只有少数人才能做到。而大多数人都必须先用本人的痛苦来抑制意志，然后才能达到意志的否定。于是就会有这样一种人出现，经过激烈的挣扎抗拒，在陷于绝望的边缘之后，突然认识到了自己和这世界，他由此就好像换了一个人似的，超乎一切痛苦之上，获得了宁静和极乐。

在歌德的不朽杰作《浮士德》里关于格勒特小姑娘的描写，就是对这种通过战胜痛苦达到的意志之否定的生动刻画。这是从第二条道路达到意志之否定的标准典范。这和第一条通过认识全世界的痛苦而自愿承担这痛苦来达到意志之否定的道路不同，是通过战胜本人的极度痛苦而达到的。

此外，巨大的痛苦并不是一定要伴随死的迫近和绝望的心情，这二者对于由痛苦达到的超脱并不是必要的。仅仅依靠巨大的痛苦，人们就可以认识生命意志的自相矛盾和一切挣扎的虚无性，从而达到意志之否定。因此我们看到一些人会突然转变，从激情波动的生活转向清心寡欲、隐士般的生活。

一切痛苦，对意志既有压服作用，又有超脱作用，从可能性上说还有着一种圣化的力量。所以由此就可以理解为什么巨大的痛苦有时反而会引起人们的敬重之心。但前提是这个忍受痛苦的人是我们真正敬重的，他的眼光要能够从个别上升到一般，并能把整个世界的痛苦都看做与自己的痛苦是具有同等意义的，也就是把这人生的全部理解为本质上的痛苦，从而达到无欲无求的境界。

极高超人物的性格总会带有几分沉默伤感的色彩，但这种伤感不是对日常不如意的事的厌恶之心，而是从认识中产生的一种高度意识。是他能够认识到的一切身外之物的空虚以及一切生命的痛苦，而不只是关注自己的痛苦。当然，这种认识必须由发生在自己身上的巨大痛苦来唤起。

至此我们就可以知道有两条道路可以达到意志之否定，这两条道路分别为，通过看穿个体化原理而自愿以之为自己的痛苦，也就是纯粹被认识到的痛苦；自己本人直接感受到的痛苦。真正的得救以及解脱生命和痛苦都是要通过彻底的意志之否定才能做到的。一切真正的、纯洁的仁爱，甚至于一切自发的公道，都是基于看穿个体化原理而产生的。个体化原理的看穿如果发挥充分力量就会导致完整的神圣性和解脱，而神圣和解脱的现象就是上述清心寡欲、无欲无求的境界，并伴随着不可动摇的安宁和寂灭中的极乐。

六十九

意志自由表现为现象就是对生命意志的否定。自杀并不是对意志的否定，更不能称之为生命意志的否定。相反，自杀是因为对意志过分肯定。因为意志之否定的本质不是对痛苦的深恶痛绝，而是对享乐主义的深恶痛绝，自杀不过是对现实中苦难的极度不满。自杀者并没有放弃生命的意志，而是在消灭个体现象时放弃了生命。

他要生命，他想要让生命更加自由，但是外界的环境不容许他这样，这就让人产生了痛苦，因此会选择自杀。但是我们要知道，当生命现象遭到毁灭时，作为个体的意志本身仍旧安然无恙。由于生命意志是在生命之外的，所以自杀是一个完全徒劳的、愚蠢的行为。

此外，这种行为是生命意志矛盾的巅峰。这种矛盾，我们既可以在最低的那些意志现象中，在各种自然力以及一切有机个体当中为了物质、时间和空间而争求外观的不断斗争中看到它，又可以在意志客体化不断上升的各级别上看到。并且愈来愈显著，愈明显可怕。那么，在最高级别上，亦即人的理念上，这个矛盾终于达到了这样的程度，就是说不仅是表出这同一理念的个体间在互相残杀，而且是同一个体对自己本身宣战。而这时个体用以追求生命和抗击生命的障碍与痛苦的激情竟至于使个体来毁灭自己，也就是个体的意志在痛苦尚未摧毁意志之前，先自己以一次意志活动来消灭身体，而身体就只是意志自己的显现罢了。

因为自杀者不能停止自己的欲求，所以他停止活下来，而意志则在此时取代了现象，控制了人的生命。但是正因为他所逃避的痛苦，作为压制意志的作用，导致了自我否定，所以自杀者从某种程度上来看，是一种病态。

痛苦已来到面前，也就同时开辟了到达意志之否定的可能性，但是自杀者，由于毁灭了意志所表现出来的现象也就是肉体，表面上他撵走了痛苦，而实际上他消灭的是否定意志的可能性。这也是几乎所有的伦理学都要谴责自杀行为的理由。如果有一个人，他由于纯道德的冲动而制止了自杀行为，那么这种自我克制在最深意义上也是一种超脱。“我直面痛苦，是因为痛苦能有助于取消生命意志。痛苦能使我获得关于世界本质的认识，也就是说这认识将成为我意志的清静剂，从而使我得到永久的解脱。”

有些自杀者，会选择杀死自己至亲之后自杀，这是因为自杀者在自己的亲人身上看到，他们将重复自己的痛苦。自杀者在产生自杀这个想法的时候，就已经认识到一切生命的根源都是痛苦，并且自以为可以通过消灭现象而消灭痛苦，所以当他看到自己的孩子身上也有自己的本质时，就要杀死自己的孩子，在他看来这是帮助孩子们解脱痛苦。

还有一个与此很相似的错误，那就是人们试图通过比喻来组织自然的行为，或者是通过堕胎的方式来保证每一个闯进生命里来的小宝贝的生命安全。之所以称之为错误，是因为如果具有了生命意识，那么通过消灭现象就想达到让意识消失的目的，是根本的错误。

生命意志本身只能通过认识来消除，也就是让意志显现出来，以便在显现出来的现象中认识它的本质，从而取消意志，也只有这样才能真正地结束痛苦，却不能借助于物质的暴力，如杀死精子，如毙婴，如自杀。大自然总是在把意识引向光明，因为只有在光明中，意识才能得到解脱。

但有一种自杀行为我们要单独讨论，就是因为禁欲而选择绝世的自杀行为。这种自杀现象因总伴随着某种宗教信念所以真相也就不明了。在外界看来，这种现象只有通过彻底否定生命意志才能达到这样的程度，即是说消除了借吸收营养来维持肉体的生机所必要的意志。其实这只是一个清心寡欲的禁欲主义者因为完全割断了欲求而心甘情愿地结束生命，和生命意志是不相干的。他们在绝食时，好像有一股更高超的力量在指引着他，而实际上这股力量只是源于内心的倾向。

在这里我还想举一个例子，这是刊登在1813年7月29日的《纽伦堡通讯》中的一篇文章，原文如下："据来自尼泊尔的报道说在杜尔恩地方的一座密林中发现了一个小茅屋，内有一具男尸，距生前大约已有一个月光景，现已腐臭。从所着衣履不能判断死者生前的身份。尸体旁放着两件很精美的衬衫。最重要的遗物是一本《圣经》，书中夹着白色纸页，其中一部分是死者涂写过的。在这些纸页中他记下了离家的日期，此后他说，上帝之灵驱使他到荒野中去祷告和绝食斋戒。他在来到此处的旅程中已绝食七日，然后他又进了食。从此在他新居之地他又开始绝食若干日。每绝食一日都划上一笔作为记号，共有五划，五划之后这个朝山香客可能就死了。此外还有一封写给牧师的信，信的内容是关于死者听到牧师讲过的一篇宣道辞，可是没有写收信人的地址。"

在这种由于极端禁欲和一般由于绝望而产生的两种故意死亡之间，还可能有些中间地带和两者相混杂的情形，但这些是难以解释的，不过人类心灵本来就有一些深邃、阴暗和错综复杂的地方，要揭露和展出这些地方是极度困难的。

七十

我们先前有关必然性的否定,实质上是否定了不受制于内外动机的绝对自由,而现在我们的研究似乎与之前的结论有了一定的冲突。其实到现在,我也不是要否定这个看法,相反,我在试图进一步证明这个说法。意志只在作为物自体时才有独立于充足根据律之外的自由,而意志的现象则必然在充足根据律之内,服从必然规律。但在意志之否定时,自由就会进入现象,但这只是唯一的一次。

也正是这个原因,在意志被否定之前,意志和现象是相互对立的。当身体渴望解体、希望个体终结时,与身体本来作为生命意志的具体体现是相互矛盾的。这时,自由就出现了。一方面,我们主张经验意识的确定性,一方面又认为存在彻底取消意志的可能性,这看似矛盾的问题其实是反省思维的体现。

我们认识的方式会变化到这样一个层面,不再被个体化原理所约束,在所有现象中看到作为本质的同一个意志,从而能够自制,使机动性失去作用。我们之前说,性格是永远不会改变的,所以这不是性格改变了,而是性格的作用在人的身上消失了。在这种情况下,整个人似乎发生了改变,宗教上管这种现象叫重生。这种改变不是性格上的简单变化,而是一种脱胎换骨的转变。

从这种意义上解释,那么关于意志自由就找到了论据。而教会里关于天赐和再生的信条具有非常重要和深远的意义。基督教的神秘主义者所说的天赐和再生其实就是我们所说的意志自由唯一直接的表现。只有意志获得了本质自身的认识，又由这认识获得一种清净剂而由此摆脱了动机，才会出现意志的自由。同时动机会在另一种认识方式的领域内，这认识方式的客体就只是些现象而已。

所以这种意志自由的直接表现是人类有别于动物的最大特点，动物是永远不会拥有这些的。因为这是以理性的思考为条件的。动物的动机只能从直观表象中产生，并且动物是不自由的，没有自由的一切可能性，甚至也不可能有一个真正的，经过考察的选择作用。真正的选择是要在事前结束动机之间的冲突，而动机在这里又必须是抽象的表象。因此当一只饥饿的狼看到山鸡野兔时会立刻扑上去而决不会考虑其他。只有拥有抽象表达的能力才会拥有选择能力，也才可能拥有自由。必然性是大自然的王国，自由是天赐的王国。

因为意志的自我取消，所以我们看到的一切都是从认识出发的，而一切认识和理解，都不随人的意志发生转变，所以欲求的否定，不是进入自由，这是不可强求的，而是从人心中的认识对欲求的最内在关系中产生的，因为欲求的否定具有突然性，所以我们才将其称之为天赐。可是教会还是认为只有依赖于天赐的接受，清净剂起作用才是意志的一种自由活动。因为伴随着这种天赐，人的全部本质就会发生改变，也就是说他不再像以前一样那么激烈地追求一切，犹如一个新人替换了旧人似的。天赐的这一结果，教会称之为再生。原来教会所谓的自然人，是他们认为没有任何为善的能力的人，而这正是生命意志。如果要解脱我们这样的人生，就必须否定生命意志。也就是说在我们生存之后还隐藏着别的东西，只有摆脱了世界的束缚我们才能接触到这个东西。

在理念的统一性中，基督教的教义在亚当身上找到了大自然的象征，即生命意志之肯定的象征。亚当传给人类的原罪使全部人类必须饱受痛苦的折磨和永久的死亡。原罪也就是我们和亚当在理念上的统一，这理念又是由生生不息这根链带在时间上表出的。而上帝给予我们的，也就是天赐——意志之否定，是解脱的象征。

这人化的上帝不带任何罪尤，也就是没有任何生命意志，也不能像我们一样是从坚决肯定意志而产生的，不能像我们一样有一个身体，因为身体彻底只是具体的意志，只是意志的显现，而上帝是由纯洁的童贞女所生，并且只有一个幻体。

原罪既是罪，同时也是罚。在新生的婴儿身上已带着原罪，不过要在他成长的过程中才会显现出来。这种罪的来源还要追溯到犯罪者的意志。这个犯罪者就是亚当，而我们所有人又都是亚当生命的延续。亚当不幸，所以我们所有人都处于不幸之中。实际上原罪（意志的肯定）和解脱（意志的否定）的理论二者就构成了基督教的核心真理，其他理论都是核心真理的附属。所以人们应该把耶稣理解为生命意志之否定的象征或人格化，而不是福音书里通过神秘故事所塑造的具体形象。

此外基督教还有一个原始的，福音的学说。这个学说就是。意志不是自由的，最初是臣服于为恶的倾向之下的，因此由意志所引出的行为就都是带有罪过的，总是有缺陷的，并且绝不能上升至公道。所以最后使人享天福的不是人们所做的努力，而只是信仰。这信仰本身又不是从预设的企图和自由的意志中产生的，而是由于天赐，无须我们参与，好像是从外面降临到我们身上来的。只不过这些信条以及最后这一福音的教义都被现代那种粗狂庸俗的看法拒绝或讳言。

但是我们却在这教义中看到和我们的考察结果完全相符合的真理，也就是说我们看到心意中真正的美德和神圣性，其最初来源不在考虑后的意愿而在认识当中。如果导致天福的原因是从动机和考虑过的意图中产生的，那么不管人们怎么辩解，美德永远只是一种机智的、有方法的、有远见的利己主义了。

但是基督教中认为天福的信仰应该是这样的，我们一切人由于人的第一祖先已陷于罪，所以都分有其罪，都逃不掉死亡和伤害。那么我们一切人只能从天赐和神性的化身来承担我们的无量罪恶中获得解救。并且这完全不需要我们自己的功德，因为凡是人有意的作为都是表面功夫。这也就是说，得救对于我们本来是一件陌生的事，暗示着若要获得解救只有否定和取消我们这个人格。人格的行为，即服从规律之为规律的行事，总是随动机而产生的行为，所以绝不能为人开脱罪恶。所以我们也认为在逐渐看清楚个体化原理的时候，首先出现的只是自愿的公道，然后是仁爱，再进一步为利己主义的取消，最后是清心寡欲或意志的否定。

基督教的教义本身和哲学并无关系，我之所以在这里谈论基督教的教义，只是要说明我们这种看似全新的伦理学在本质上和基督教的信条并无二致，这些观念的主要方面可能早就已经蕴含在基督教的教义中了。同时回忆基督教教会的信条还有助于解释和阐明一种表面上的矛盾，这矛盾一面是性格的各种表出在眼前动机之前的必然性，即大自然的王国，另一面是意志本身否定自己的自由，取消性格以及取消一切基于性格的“动机的必然性”的自由，即天赐的王国。

七十一

在考察即将结束之时，我们可能会产生一些问题：难道我们所谓的圆满，就是否定所有欲求吗？这似乎将我们引向了虚无。对此，我必须要说的是，“无”只是相对的概念，仅仅是相对“有”而存在的。康德曾把这种属性称为空乏的无。与空乏的无相呼应，人们提出否定的无，并且人们用逻辑上的矛盾作为这种否定的无的例子。但仔细考察，绝对的无与否定的无根本不存在，因为这种“无”是无法想象的。

任何一类的无，都是与有相对的，无只有相对于有，才是真正有意义的。一般被肯定的事物我们可以称之为存在物，而无，就是相对于存在物而言的，它否定了存在物。如果我们反过来想，把我们认为存在的变为“无”，这样那些原来不存的东西就是成为“有”。不过现在的“无”只能从否定的角度被我们所认识。因为“同类只能被同类所认识”这句古话是正确的，所以作为存在物的我们是没法获得“无”方面的知识的。我们一切真实的认识的可能性，亦即世界作为表象，或者是意志的客体性，最后也都是基于这句老话的。因为世界就是意志的自我认识。

如果还要断然坚持用一种从正面来认识的方法来从反面作为意志的否定来表示这个解释，我们也只能用那种圣人们所达到的境界去表达，也就是人们称为吾丧我、超然物外、普照、与上帝合一等境界。但是境界不能被看作是认识，因为这里已没有主体和客体的形式，并且也只是他们本人自己的，不能传达的经验而已。

但是，当我们用哲学思想去考察事物的时候，不能只满足于获得正面的、积极的认识，我们还要追查意志被否定的后果。既然我们认为世界的本质自身是意志，既然世界上所有东西都是意识的客体，又从各种无知的自然力到不带认识的冲动起，再到人类最富有意识的行为止，我们探求了许多客体的属性。所以我们会得到这样的结论，随着自愿的否定，意志的放弃，这世界上所有的事物，都会烟消云散。这世界最终的结果是，没有意志，没有表象，没有世界。

最终我们也只能用“无”去概括这个世界。虽然作为一个有生命的人来讲，我们不愿接受这个结果，但这是无可辩驳的，不愿接受，只能证明我们贪生。

如果我们像圣人一样，把我们的眼光从狭隘和局限性中解脱出来，看到他们的意志在达到了充分的自我认识之后又在一切事物中认识到这意志自己，然后又看到它自由地否定自己，以待它赋予肉体以生命的意志也与此肉体同归寂灭，那么我们就会消除对于“无”的恐惧，也就不会再逃避这个“无”，此时的“无”就不再是无休止的冲动和欲求，不是不断地从愿望过渡到恐惧，从欢愉过渡到痛苦，不是永不满足永不死心的希望，不是那贪得无厌的希望，而是那高于一切理性的平和心境，那古井无波的情绪，那深深的宁静，不可动摇的自得和怡悦。单是这种怡悦在人类面部的反映，如拉斐尔和戈内琪奥所描绘的人相，就已经是一个完整的可靠的福音了。

在超脱世界的人们，意志已经消失了，剩下的只有认识。但我们则以深沉而痛苦的倾慕心情来考察这种境界，并将我们自己充满烦恼和不幸的状况与之并列。当两相对照，就昭然若揭了。这一考察，一方面是已把不可救药的痛苦和无尽的烦恼认作是意志的现象，这世界在本质上所有的一切。

另一方面是在意志取消之后又看到世界消逝之后只剩下那空洞的无。当这两方面摆在我们面前的时候，还是后者使我们更能感到安慰。虽然在自己的经历中碰到这样一个圣者诚然是罕有的事，但他们那些写下来的史事和记载具体内在真实性的艺术就能使他们历历在目。

此时我们应该知道，“无”是悬在一切美德和神圣性后面的宝藏，我们不应该像孩子们怕黑一样怕它，我们应该驱除我们对于“无”的那种阴森森的印象，并且不回避它。因此，我们要坦率地承认，在彻底取消意志之后所剩下的，对于浑身充满着意志冲动的世俗之人来说，所有的一切就是个“无”了。但是，对于那些从冲动的意志禁锢中超脱出来的超俗之人来说，这凡俗人眼中的真实世界，包括所有的恒星和银河系在内，本来就是个“无”。

,‰´..£”

叔本华生平及大事年表

1788 年　2 月 22 日:阿瑟·叔本华生在但泽(今波兰格坦斯克)一个大商人家里,父亲叫海因里希·弗洛里斯·叔本华,母亲叫约翰娜·亨利埃待。娘家姓特罗西纳。

3 月 3 日:受洗礼于圣玛利亚教堂。

阿瑟和他母亲一起迁居奥里瓦庄园,他在那儿度过了童年。

康德:《实践理性批判》。

1789 年　阿瑟的外祖父克里斯蒂安·海因里希·特罗西纳住进斯图特庄园。

3 月 4 日:美国宪法颁布。

5 月 5 日:法国在凡尔赛召开三级会议。这是自 1614 年以来举行的第一次三级会议。

6 月 17 日:法国第三等级组成国民议会(1789—1791 年的制宪议会)。

6 月 20 日:国王封闭国民议会会场,代表们在网球场集会,宣誓“非俟宪法制成,议会决不解散”。史称“网球场宣誓”。

7 月 14 日:攻占巴士底狱。

1790 年 2 月 20 日:奥地利皇帝约瑟夫二世去世,利奥波特二世继位。

1791 年 1 月 15 日:奥地利诗人弗朗茨·格里尔帕尔泽诞生。

4 月 2 日:法国第三等级代表米拉波伯爵去世。

6 月 20—25 日:法国国王阴谋逃跑,但在发棱被发现,押回巴黎。

8 月 27 日:庇尔尼茨宣言。普鲁士国王弗里德里希·威廉二世和奥地利皇帝利奥波特二世决定支持法国君主专制。

12 月 5 日:莫扎特诞生。

1792–1797 年 第一次联盟战争。

1792 年 3 月 1 日:利奥波特二世去世。其子弗朗茨一世成为罗马—德意志帝国皇帝。

8 月 10 日:法国"无套裤汉"革命群众攻进巴黎土伊勒里宫。

9 月 20 日:法国革命军在瓦尔密力挫普鲁士军,普军撤退。法军占领中莱因区。攻进比利时。

1793 年 1 月 21 日:法国国王路易十六被处决。普鲁士,奥地利,英国,荷兰,西班牙,葡萄牙,撒丁和那不勒斯组成第一次反法联盟。

波兰被第二次瓜分。但泽、波森(波茨南)等地被划归普鲁士。国王弗里德里希·威廉二世决定封锁但泽。

在但泽被占领前不久,叔本华一家离开了该市,迁往汉堡,住旧城新街 76 号。

6 月:汉堡开办了第一个德国公共浴室——"浮船浴场"。

7 月 13 日:让·保尔·马拉被杀。

9 月:法国恐怖统治。

10 月 16 日:法国王后被处死。

12 月 23 日:阿瑟的祖父安德烈亚斯·叔本华去世。

歌德:《莱纳克狐》。

1794 年 3—4 月:阿瑟的叔叔约翰·弗里德里希·叔本华在但泽去世。

4 月 5 日:丹敦和德穆兰被处死。

7 月 28 日:圣·鞠斯特和罗伯斯庇尔被送上断头台。

1795-1799 年 法国督政府统治。

1795 年 4 月 5 日:法国和普鲁士签订巴塞尔和约。波兰被第三次瓜分。

12 月 21 日:德国历史学家利奥波特·冯·朗克诞生。

1796 年 叔本华家搬到汉堡新万德拉姆街 92 号。拿破仑进军意大利。

11 月 17 日:俄国女沙皇卡塔琳娜去世。保尔一世继位。

歌德:《赫尔曼与多罗特娅》。

1797 年 阿瑟的外祖父克里斯蒂安·海因里希·特罗西纳去世。

1 月 10 日:德国女诗人安内特·冯·德罗斯特—许尔霍夫诞生。

1 月 31 日:法朗茨·舒伯特诞生。

6 月 12 日:叔本华的妹妹路易丝·阿德来特·拉维尼亚(阿德勒)诞生。

7 月: 阿瑟和父亲一起去巴黎和勒阿弗尔。他在那儿在格雷戈勒·德布雷西曼家住了二年,和德布雷西曼的儿子安提姆交上了朋友,学习法语和法国文学。

9 月 4 日:拿破仑政变。

10 月 4 日:瑞士现实主义作家耶雷米亚斯·戈特黑尔夫诞生。

10 月 17 日:法国和奥地利签订坎波—佛米奥和约。

12月13日:海因利希·海涅诞生。

1798–1799年 拿彼仑出征埃及。

1798年 1月19日:法国哲学家奥古斯特·科姆特诞生。

2月13日:浪漫派作家威廉·海因里希·瓦肯罗特去世。

2月:波拿巴计划在勒阿弗尔造船厂制造大炮和舰船。

1799–1802年 第二次反法联盟战争。

1799年 马蒂亚斯·克劳迪乌斯匿名发表《致我的儿子H.》。

春季:阿瑟·叔本华的朋友戈德弗里特·雅尼施死于汉堡。

5月20日:巴尔扎克诞生。

8月:叔本华因法国的政治形势经海路回到汉堡。进入龙格博士办的私立学校学习,直至1813年。和商人的儿子沙里士·戈特弗劳伊、酒商的儿子格奥尔格·克里斯蒂安·洛伦茨·迈尔交上了朋友。

11月9日:拿破仑政变。

1800年 叔本华家去布拉格和卡尔斯巴德旅行。在魏玛会见席勒,在柏林会见伊夫兰德。

10月17日:返回汉堡。

1801年 2月9日:法国和奥地利签订吕内微尔和约。丹麦对汉堡的占领结束。约翰·海因里希·威廉·蒂施拜因迁往汉堡。

3月22日:克洛普施托克在汉堡诞生。

3月23日:沙皇保尔一世被刺。亚历山大继位。

3月25日:浪漫派诗人诺瓦利斯去世。

12月11日: 德国戏剧家克里斯蒂安·迪特里希·格拉贝在德特

莫尔特诞生。

1802 年　叔本华阅读让·巴底斯特·罗范·德·高乌雷的《福布拉骑士的爱情冒险》。

2 月 26 日:维克多·雨果诞生。

3 月 26—27 日:法国和英国签订阿眠和约。

7 月 24 日:大仲马诞生。

8 月:拿破仑规定自己终身往第一执政。

8 月 13 日:奥地利诗人尼古拉斯·雷瑙诞生。

1803 年　2 月 25 日:雷根斯堡《全帝国专使会总决议》。

3 月 14 日: 德国诗人弗里德里希·戈特利布·克洛普斯托克去世。叔本华根据父亲的意愿决定不上文科学校学习,决定将来不当学者。他开始了一次长达数年的旅行,周游了荷兰、英国、法国和奥地利,并开始学习经商。

5 月 3 日:踏上旅途。

5 月 18 日:英国对法宣战。

5 月 26 日:法国进军汉诺威。

6 月 30—9 月 20 日:叔本华在温布尔登的住宿学校学英语。

9 月 28 日:梅里美诞生。

12 月 18 日:约翰·戈特弗里德·冯·赫尔德去世。

1804 年　2 月 12 日:伊曼努尔·康德去世。

6 月 19 日:叔本华家在奥地利市劳瑙。

8 月 25 日:叔本华结束在国外的旅行。

9 月:叔本华在但泽住了三个月。在巨商雅各布·卡布隆处学习。卡布隆后来创办了商学院。

9 月 8 日:德国诗人爱德华·默里克诞生。

12 月 23 日:法国文学批评家,作家圣佩韦诞生。

1805 年 第三次反法联盟战争。

年初:叔本华在汉堡大商人马丁·约翰·耶尼施那儿学习。他还听龙格博士的神学讲演。

4 月 20 日:叔本华的父亲自杀。

5 月 9 日:席勒去世。

8 月:约翰娜·叔本华将新万德拉姆街的房子出卖。全家迁往科尔霍夫街 87 号。

10 月 21 日: 奈尔逊在特拉发加海角战肚法国和西班牙的联合舰队。

10 月 23 日:奥地利诗人阿达贝特·施蒂夫塔诞生。

12 月 2 日:奥斯特里支战役。拿破仑获胜。

12 月 15 日:申布龙条约。

12 月 26 日:普勒斯堡和约。奥地利割让属地,承认拿破仑为意大利国王。

1806 年 第四次反法联盟战争。

5 月:约翰娜·叔本华在魏玛。阿瑟青年时代的朋友安迪墨来汉堡学习经商。

7 月 12 日:在法国领导下的莱茵同盟成立。

8 月:罗马—德意志帝国皇帝弗朗茨二世逊位。

9 月 21 日:阿德勒和约翰娜·叔本华最终迁居魏玛。约翰娜·叔本华和歌德交好。

10 月 14 日:耶拿和奥尔斯塔特之战。法军获胜。

菲希特:《论天国的生活》。

1807 年 5 月底:叔本华离汉堡经魏玛去戈塔。和卡尔·路德维希·费尔瑙交上朋友。

6 月: 开始在戈塔文科中学跟弗里德里希·雅各布兄弟学习。叔本华住在卡尔·戈特霍德·棱茨教授家里。

7 月 7—9 日:法、俄、普提尔四特和谈。威斯特法伦王国和华沙大公国建立。

12 月:一首嘲笑克里斯蒂安·费迪南德·舒尔策的讽刺诗使叔本华极为不满。他离开文科中学,迁居魏玛,和作家约翰内斯·丹尼尔·法尔克、剧作家扎哈里亚斯·维尔纳相识。

菲希特:《告德意志公民书》。

1808–1814 年 拿破仑对西班牙和匍萄牙的战争。

1808 年 9 月:叔本华和丹尼尔·法尔克亲见了沙皇亚历山大和拿破仑在爱尔富特的会见。

12 月 4 日:卡尔·路德维希·费尔瑙去世。法国浪漫派诗人德·尼瓦尔诞生。德国诗人海因里希·克莱斯特主办的杂志《菲比斯》(太阳神阿波罗的别名)出版。

1809 年 2 月 3 日:叔本华和卡罗琳·耶格曼同时在魏玛参加一次假面舞会。

2 月 22 日:叔本华成年。

5 月 31 日:约瑟夫·海顿去世。奥地利反法战争。

5 月:拿破仑在阿斯本战败。

7 月 5—6 日:瓦格拉姆战役。拿破仑打败奥军。

10 月:申布龙和约。

10 月 7 日:叔本华去哥丁根,并于 10 月 9 日开始在那儿学医。

和后来任普鲁士驻梵蒂冈、驻伦敦大使克里斯蒂安·卡尔·约西亚斯·冯·邦森,以及威廉亚姆·巴克豪泽·阿斯泰尔结识。叔本华的哲学老师是弗里德里希·博特韦克和戈特洛布·恩斯特·舒尔策。在舒尔策的指导下,他研读了柏拉图和康德的合集。柏林大学开办。

歌德:《亲和力》。

1810年 3月1日:波兰音乐家肖邦诞生。

1811年 6月8日:德国音乐家罗伯特·舒曼诞生。

6月17日:德国诗人费迪南德·弗赖里格拉特诞生。

约翰娜·叔本华著的《C.L.费瑙传》出版。

1811年复活节:叔本华和克里斯蒂安·邦森在魏玛。

9月:叔本华开始在柏林大学学习两年,约翰·戈特里布·菲希特在大学执教。叔本华研究菲希特哲学。和动物学教授马丁·海因里希·利希腾施泰因结下友谊。

10月22日:匈牙利音乐家弗朗茨·李斯特诞生。

11月21日:海因里希·冯·克莱斯特去世。

1812年 3月28日:法军进驻柏林。夏季学期,叔本华和德国哲学家、神学家弗里德里希·恩斯特·丹尼尔·施莱马赫尔发生争论。

6月24日:法军开始进兵俄国。

夏季:叔本华经魏玛和德累斯顿去坦普立兹旅行。

9月17日:莫斯科大火。

10月17日:阿达贝特·冯·沙米索(后来成为诗人和事因学家)被柏林大学录取。

10—11月:拿破仑军从俄国撤回。

1813–1814 年　德国解放战争。

1813 年　1 月 20 日:德国诗人克里斯多夫·马丁·维兰去世。

3 月 18 日:诗人弗里德里希·黑贝尔诞生。

5 月 2 日:吕策和格罗斯戈森战役时,叔本华逃出柏林。

5 月 5 日:丹麦神学家和哲学家泽伦·克尔凯郭尔诞生。

5 月 11 日:拿彼仑在德累斯顿。

5 月 22 日:叔本华在德累斯顿。

德国音乐家里复德·瓦格纳诞生。

6 月:叔本华在魏玛撰写博士论文。

10 月 16—19 日:莱比锡大会战,拿破仑失败。

10 月 17 日:德国诗人、戏剧家格奥尔格·毕希纳诞生。

10 月 31 日:莱茵同盟解体。

11 月 5 日:叔本华回到魏玛他母亲家里。

11 月底:歇德赞赏叔本华的成就。他们进行了长谈,专门讨论了歇德的颜色理论。

1814 年　1 月 19 日:约翰·戈特利希·菲希特去世。

3 月 31 日:联军攻人巴黎。

4 同 6 日:拿破仑退位,被囚在地中海厄尔巴岛。

4 月 10 日:路易十八即位,波旁王朝夏辟。

4 月:叔本华和他母亲的争吵达到顶点。

4 月 30 日:《哥丁根学报》发表了对叔本华哲学著作的第一篇评论。

5 月:叔本华和母亲彻底决裂。叔本华离开魏玛,后在德累斯顿住了四年。和泛神论者卡尔·克里斯蒂安·弗里德利希·克劳泽,画家路德维希·西吉斯蒙德·鲁尔，作家赫尔曼·冯·皮克勒—穆斯卡乌、费迪南德·弗赫尔·冯·比登费尔特认识。

5 月 30 日:比联军和法国签订第一次巴黎条约。

11 月:维也纳会议开幕。

1815 年 撰写《论视觉和颜色》(1816 年印刷)。

1 月 21 日:德国诗人马蒂亚斯·克劳提乌斯去世。

3 月 1 日:拿破仑在法国登陆。“百日政变”开始。

4 月 1 日:比奥托·冯·俾斯麦诞生。

6 月 8 日:维也纳会议和“德意志同盟”组成。

6 月 18 日:滑铁卢之役。

6 月 22 日:拿破仑第二次退位。

9 月 26 日:“神圣同盟”建立。

11 月 20 日:第二次巴黎和约。

1816 年 叔本华住在德累斯顿郊区的奥斯特拉大街。

1818 年 3 月:完成《作为意志和表象的世界》的初稿。

5 月 5 日:卡尔·马克思诞生。

5 月 31 日:德国诗人格奥尔格·赫尔韦格诞生。

8 月:叔本华为他的主要著作《作为意志和表象的世界》撰写前言。亚琛会议占领军提前从法国撤出。

9 月 14 日:德国作家特奥多尔·斯托姆诞生。

10 月 22 日：德国教育家，作家约阿希姆·海因里希·卡姆佩去世。

秋季:叔本华去意大利旅行。

10—11 月:在威尼斯。

12 月:在佛罗伦萨。

1819 年 年初:《作为意志和表象的世界》由 F.A.勃洛克豪斯出版。

1—2 月:叔本华在罗马。

2—4 月:叔本华去庞培等地旅行。

3 月 23 日:德国戏剧家奥古斯特·冯·柯采布埃被大学生 K.L.赞特谋杀。叔本华从罗马经意大利北部(罗佛伦萨、成尼斯和维罗那)回到瑞士。

7 月 19 日:瑞士诗人戈特弗里德·克勒尔诞生。

8 月 25 日:叔本华重返德累斯顿。但泽亚伯拉罕·路德维希·穆尔商号倒闭。叔本华家因而发生财政危机。

10 月:维也纳《文学年鉴》和魏玛《文学周刊》发表了第一批对《作为意志和表象的世界》的否定性评论。

12 月 30 日:德国诗人和戏剧评论家特奥多尔·冯塔纳诞生。

12 月 31 日:叔本华申请在柏林大学当哲学讲师。

1820 年 1 月 29 日:英王乔治三世去世。其子乔治四世继位。叔本华和黑格尔发生争执,叔本华第一个,也是唯一的一个讲座《整个哲学就是关于世界的本质和人的精神的学说》失败。

5 月 15 日:维也纳会议决议。德意志邦联建立。

11 月 28 日:弗里德里希·恩格斯诞生。柏林新剧院开幕。西班牙、葡萄牙革命爆发。

1821–1829 年 希腊独立战争。

1821 年 韦伯的《魔弹射手》在柏林首演。

1 月:神圣同盟莱巴赫会议。

4 月 7 日:法国诗人卡勒斯·波德莱尔诞生。

5月5日:拿破仑死于圣海伦拿岛。

12月12日:法国作家古斯塔夫·福楼拜诞生。

黑格尔发表《法哲学原理或自然法和国家学纲要》。

1822年 1月6日:德国考古学家海里利希·谢里曼诞生。

5月27日:叔本华经瑞士去米兰和佛罗伦萨旅行。

6月26日:德国诗人、音乐家E.T.A.霍夫曼去世。

1823年 1月17日:德国戏剧家扎哈甲亚斯·维尔纳去世。

5月3日:叔本华在特里思特。后经慕尼黑返回。

7月5日:约翰娜·叔本华剥夺叔本华的继承权。

12月2日:美国发表《门罗宣言》。不准欧洲国家干涉美洲事务。

1824年 5月26—6月19日:叔本华在加施泰因浴场治病。

9月:叔本华在德累斯顿。

9月4日:奥地利作曲家安东·布鲁克纳诞生。

9月16日:路易十八世去世。查理十世继位。

1825年 4月11日:费迪南德·拉萨尔诞生。

5月19日:圣西门去世。

21月14日:德国诗人让·保尔去世。

12月1日:沙皇亚历山大一世去世,由其弟尼古拉继位。

1826年 2月14日:德国作家约翰内斯·丹尼尔·法尔克诞生。

3月29日:威廉·李卜克内西诞生。

夏季学期:叔本华最后尝试举行讲座。

1827年 2月17日:瑞士教育学家约翰·海因里希·裴斯泰洛齐去世。

3月26日:贝多芬去世。

1828年 9月9日:列夫·托尔斯泰诞生。

11 月 19 日:舒伯特去世。1829 年叔本华翻译西班牙哲学家巴尔塔扎尔·格拉西恩的《处世预言》。出版商勃洛克豪斯拒绝接受出版。

1 月 12 日:德国浪漫派作家弗里德利希·冯·施莱格尔去世。

7 月 26 日:名画《歌德在加姆班格》的作者约翰·海因里希·威廉·蒂施本去世。

歌德完成《威廉·迈斯特的漫游年代》。

1830–1831 年 波兰革命。

1830 年 6 月 25 日:英王乔治四世去世,其弟威廉四世继位。

7 月 26 日:法国七月革命。查理十世退位,并逃往英国,路易·菲力普继位,建立“七月王朝”。

1831 年 1 月 21 日:德国浪漫派诗人阿兴姆·冯·阿尼姆去世。

8 月 25 日:叔本华因惧怕霍乱病而离开柏林。

9 月 8 日:德国诗人威廉·拉贝诞生。

11 月 14 日:格奥尔格.W.Fr.黑格尔因霍乱死于柏林。

年底:叔本华在法兰克福。

1832 年 3 月 22 日:约翰·沃尔大冈·歌德去世。

5 月 27 日:汉巴哈大会,号召为建立统一的德意志共和国而斗争。

从 7 月起,叔本华在曼海姆。

9 月 21 日:苏格兰诗人瓦尔特·司各特爵士去世。

1833 年 5 月 7 日:约翰内斯·勃拉姆斯诞生。

7 月 6 日:叔本华定居在美因河畔法兰克福,在那儿度过了他余生的二十八年。

1834–1839 年　西班牙卡罗斯党人战争。

1834 年　"德意志关税同盟"建立。

2 月 12 日：德国哲学家和神学家弗里德里希·施莱马赫尔去世。

1835 年　叔本华撰写《自然界中的意志》。

3 月 2 日：奥地利皇帝弗朗漩一世去世，费迪南德一世继位。

4 月 8 日：威廉·冯·洪堡去世。

1836 年　9 月 12 日：德国戏剧家克里斯蒂安·迪特里希·格拉贝去世。

1837 年　撰写《致建立歇德纪念碑委员会》一文。

2 月 10 日：亚历克赛·曾希金在决斗中丧生。

2 月 12 日：德国作家路德维希·别尔内去世。

2 月 16 日：德国戏剧家格奥尔格·毕希纳去世。

4 月 3 日：德国神学家弗里德里希·海因里希·克里斯蒂安。施瓦茨去世。

6 月 20 日：威廉四世去世。维多利亚女皇继位。

1838 年　2 月：德国戏剧家格斯滕贝格诞生。

4 月 17 日：约翰娜·叔本华去世。

8 月 21 日：德国诗人和事因学家阿德尔贝特·冯·沙米索去世。

12 月：费尔巴哈的《实证哲学的批判》出版。

1839 年　叔本华撰写征文《论人的意志的自由》。

1 月 7 日：奥地利国王弗里德刊希·威廉三世去世，其子威廉四世继位。

2 月 22 日：奥古斯特·倍尔诞生。

3 月 21 日：俄国作曲家莫德斯特·莫索尔斯基诞生。1840 年叔本华撰写征文《论德行的基础》。

4 月 2 日:爱米尔·左拉诞生。

5 月 7 日:柴可夫斯基诞生。

8 月 25 日:德国诗人卡尔·伊默曼去世。

1841 年 博士尤利乌斯·弗劳恩施塔特成为阿瑟·叔本华的学生。

1842 年 阿德勒·叔本华看望她的哥哥。

3 月 18 日:法国诗人斯丹枫·马拉美诞生。

3 月 23 日:法国作家司汤达(斯丹达尔)去世。

7 月 28 日:德国诗人克莱门斯·勃伦塔诺去世。

1843 年 3 月 1 日:叔本华迁往法兰克福好希望街 17 号。

6 月 7 日:德国诗人弗里德利希·荷尔德林去世。

弗里德里希·多尔古特发表《唯心主义的错误根源》一书,叔本华的学说在这部著作中得到了承认。

1844 年 F.A.勃洛克豪斯出版《作为意志和表象的世界》的第二版。

3 月 30 日:法国诗人保尔·魏尔伦诞生。

4 月 16 日:法朗士诞生。

10 月 15 日:尼采诞生。

西里西亚织工起义。

海涅:《德国,一个冬天的童话》。

1845 年 3 月 12 日:德国诗人,文艺理论家奥古斯特·威廉·冯·施莱格尔去世。

多尔古特:《叔本华及其真理》。

1847 年 叔本华的博士论文再版。

1848 年 2 月:卡尔·马克思和弗里德里希·恩格斯发表《共产党宣言》。

2 月 22—24 日:法国二月革命。法兰西第二共和国成立。

3—5 月:柏林、维也纳、慕尼黑起义。

5 月 18 日:全德国民议会在美因河畔法兰克福保尔教堂开幕。

5 月 24 日:德国女诗人安内特·冯·德罗斯特·许尔霍夫去世。

6 月 23—26 日:巴黎工人六月起义。

12 月 2 日:奥皇弗迪南德一世退位,弗朗茨·约瑟夫一世继位。

1849 年 3 月 28 日:德意志帝国宪法在法兰克福被通过。普鲁士弗里德里希·威廉四世被选为德国皇帝。

4 月 28 日:威廉四世拒绝登位。

5 月:德累斯登和巴登起义。

8 月 25 日:阿德勒·叔本华去世。

10 月 17 日:肖邦去世。

1850 年 1 月 31 日:普鲁士国王强令宪法生效。

3—4 月:爱尔福特议会。

7 月 2 日:普鲁士和丹麦签订柏林和约。

8 月 5 日:莫泊桑诞生。

8 月 18 日:巴尔扎克去世。

8 月 22 日:奥地利诗人尼古拉斯莱瑙去世。

11 月 30 日:重建德意志联盟。普鲁士和奥地利签订奥尔谬茨条约。

1851 年 11 月:《附录和补遗》在柏林由 A.W.海因出版,此书获得好评。第一届世界博览会在伦敦举行。

1852 年 3 月 4 日:果戈里去世。

12 月 2 日:路易·波拿巴即帝位。称拿破仑三世。

1853 年 4 月 28 日:德国浪漫派诗人路德维希·蒂克去世。

1854 年 《自然界中的意志》第二版出版。

8 月 20 日:弗里德里希·冯·谢林去世。

10 月 20 日:法国诗人让—阿瑟·兰彼诞生。

10 月 22 日:瑞士作家耶雷米亚斯·高特黑尔夫去世。

弗劳恩斯丹特:《论叔本华哲学的书信》。

1855 年 11 月 11 日:丹麦神学家、哲学家克尔恺郭尔去世。世界博览会在巴黎举行。

1856 年 2 月 17 日:海因利希·海涅在巴黎去世。

5 月 6 日:精神分析学家西格蒙特·弗洛伊德诞生。

7 月 9 日:鲁伯特·舒曼去世。

1857 年 5 月 2 日:法国诗人阿尔弗雷德·德·缪塞去世。

5 月 4 日:弗里德里希·黑贝尔和威廉·约尔丹到法兰克福访问。

波恩大学讲授叔本华的哲学。

10 月初:克里斯蒂安·卡尔·约西亚斯·冯·本森访问叔本华。法国哲学家和社会学家奥古斯特·孔德去世。

1858 年 2 月 22 日:叔本华七十寿辰。叔本华拒绝担任柏林皇家科学院院士。

德·桑克蒂斯:《叔本华和利奥波特》。

1859 年 《作为意志和表象的世界》第三版出版。

7 月:叔本华迁进好希望街 16 号。

10 月:伊莉莎白·奈完成叔本华的雕像。

1860年 1月29日:契诃夫诞生。

8月:叔本华突然窒息。

9月9日:叔本华得肺炎。

9月21日:叔本华去世。

9月26日:葬于法兰克福市公墓。